# 少年读
# 古文观止

## 秦汉文采

〔清〕吴楚材 〔清〕吴调侯 编选

赵红玉 冯慧敏 导读注译

央美阳光 绘

化学工业出版社

·北京·

**图书在版编目（CIP）数据**

少年读古文观止.秦汉文采/（清）吴楚材，（清）吴调侯编选；赵红玉，冯慧敏导读注译；央美阳光绘
.—北京：化学工业出版社，2023.8
　　ISBN 978-7-122-43452-4

Ⅰ.①少… Ⅱ.①吴… ②吴… ③赵… ④冯… ⑤央…
Ⅲ.①《古文观止》-少年读物 Ⅳ.①H194.1-49

中国国家版本馆CIP数据核字（2023）第082005号

SHAONIAN DU GUWEN GUANZHI: QINHAN WENCAI

**少年读古文观止：秦汉文采**

责任编辑：隋权玲　　　　　　　　　　　装帧设计：宁静静　刘丽华
责任校对：李雨函

出版发行：化学工业出版社（北京市东城区青年湖南街13号　邮政编码100011）
印　　装：北京宝隆世纪印刷有限公司
710mm×1000mm　1/16　印张10　2024年4月北京第1版第1次印刷

购书咨询：010-64518888　　　　　　　　售后服务：010-64518899
网　　址：http://www.cip.com.cn
凡购买本书，如有缺损质量问题，本社销售中心负责调换。

定　　价：49.80元　　　　　　　　　　　　　　　版权所有　违者必究

# 前言

　　《古文观止》是清代康熙年间吴楚材、吴调侯叔侄二人选编的一部文集，以散文为主，兼收骈文。其中"观止"取"叹为观止"之意，"古文观止"就是说历代古文名篇都在这里，看完这本书，别的也就不用看了。这是何等的自信！《古文观止》在康熙三十四年（1695 年）正式问世，收录了从周到明的传世佳作，展现了几千年间的文体变迁、文化思想、历史传统，在文学史上有着不可估量的影响。传世三百余年，《古文观止》并没有因为经济文化的日新月异而销声匿迹，反而历久弥新，广为传诵。

　　《少年读古文观止》以原著为依托，年代为经、作者为纬，并在此基础上加以解读。作者介绍和"知历史"让读者了解古文背后的人文内涵和历史知识；"品原文"和"见其译"既能让读者品读原文的韵味，又扫除了阅读障碍，使古文的含义直观地呈现在读者面前。此外，书中还设置了"疑难字""特殊句""词类活用"等小栏目，让读者在了解古文思想文化内涵及其背后的历史、人文知识的同时，学习文言文的知识，丰富、提升自己的语文素养。不仅如此，每篇古文前还配有"古人朋友圈""路人甲日报"等栏目，趣味性十足，让读者在获取知识的同时会心一笑。书中还配有精美的古风插图，帮助读者理解古文，同时有助于提升读者的审美。希望《少年读古文观止》，能够帮助读者了解古文知识，感知我们的国学经典和传统文化的魅力。

# 目录

# 战国风云

ZHAN

GUO

FENG

YUN

# 战国策

西汉时期，著名文学家刘向把记载战国时期游说之士的策谋和言论的著作，重新整理编订，将其定名为《战国策》。《战国策》全书共三十三篇，分东周、西周、秦、齐、楚、赵、魏、韩、燕、宋、卫、中山十二国"策"，是研究战国历史的宝贵典籍。

### 刘向关键词

◆ 汉朝宗室大臣。

◆ 刘邦异母弟楚元王刘交的后代。

◆ 经学家刘歆的父亲。

◆ 中国目录学鼻祖。

◆ 原名刘更生，后改为刘向。

> 我不是《战国策》的作者，顶多算一个出色的"文字搬运工"。

> 《楚辞》也是我编订成书的哟！

### 《战国策》的"先天不足"

◆ 不完全是信史，内容有失实之处。

◆ 一些重大历史事件叙述简略，经济、文化等方面的记载很少，不能反映战国全貌。

◆ 夸大游说之士的作用，对纵横家猎取功名富贵的行为津津乐道，这些都是不可取的。

# 苏秦以连横说秦

战国时期，群雄争霸，逐鹿中原。一些有见识、有才学的"纵横家"应运而生，他们揣测君主的心思，凭借巧舌如簧的口才和独到的政治见解在各诸侯国间游说，以求建功立业。苏秦就是他们之中最具代表性的人物。苏秦师从鬼谷子，早年境遇十分潦倒，后来苦心研读《阴符》，开始游说列国。他先是用"连横"的主张游说秦惠王，却以失败告终。之后他以"合纵"的主张获得了燕文侯和赵肃侯的赏识，促使六国建立起"合纵联盟"，让自己变成了一个成功的"政客"。

苏秦

苏秦添加秦惠王为好友

大王，秦国国富力强，我看是时候吞并其他诸侯国，统一天下了。@秦惠王

秦惠王

我很忙，咱们改日再聊。

对方已将苏秦的消息屏蔽

## 〈 合纵联盟　　　　　　　　　　　　•••

群主　苏秦

苏秦邀请燕文侯加入群聊

大王，秦国虎视眈眈，为今之计，只有合纵赵国，才能谋得一线生机。@燕文侯

燕文侯

先生说得对！我愿出资请您前去游说赵国。

苏秦邀请赵王加入群聊

赵肃侯、韩宣王、魏襄王、齐宣王、楚威王相继加入群聊

苏秦将群名改为"合纵联盟"

## 《品·原·文》

苏秦①始将连横②，说③秦惠王④曰："大王之国，西有巴、蜀、汉中之利⑤，北有胡貉、代马之用，南有巫山、黔中之限⑥，东有殽、函之固⑦。田肥美，民殷富，战车万乘，奋击百万，沃野千里，蓄积饶多，地势形便，此所谓天府⑧，天下之雄国也。以大王之贤，士民之众，车骑之用，兵法之教，可以并诸侯，吞天下，称帝而治。愿大王少留意，臣请奏其效。"

秦王曰："寡人闻之，毛羽不丰满者不可以高飞，文章不成者不可以诛罚，道德不厚者不可以使民，政教不顺者不可以烦大臣。今先生俨然不远千里而庭教之，愿以异日。"

苏秦曰："臣固⑨疑大王之不能用也。昔者神农伐补遂，黄帝伐涿鹿而禽蚩尤，尧伐骧兜，舜伐三苗，禹伐共工，汤伐有夏，文王伐崇，武王伐纣，齐桓任战而霸天下。由此观之，恶有不战者乎？古者使车毂击驰，

此处苏秦运用排比的修辞手法突出秦国各方面的优越性，为后文自己提出的主张做了良好的铺垫。

"异日"一词充分反映出秦王的心态，表明他对苏秦的主张并不感兴趣。

① 苏秦：战国时著名的纵横家。
② 连横：战国时期诸侯相争中使用的一种策略。古时以六国联合抗秦称为"合纵"，秦国与楚、齐等国的个别联合称为"连横"。
③ 说（shuì）：游说，劝说。
④ 秦惠王：姓嬴名驷。
⑤ 利：财富。
⑥ 限：险阻，指要塞。
⑦ 固：牢固。
⑧ 天府：自然界的宝库。
⑨ 固：原本，本来。

言语相结，天下为一；约从①连横，兵革不藏；文士并饬②，诸侯乱惑；万端俱起，不可胜理；科条既备，民多伪态；书策稠浊，百姓不足；上下相愁，民无所聊；明言章理，兵甲愈起；辩言伟服，战攻不息；繁称文辞，天下不治；舌敝耳聋，不见成功；行义约信，天下不亲。于是，乃废文任武，厚养死士，缀甲厉兵，效胜于战场。夫徒处而致利，安坐而广地，虽古五帝、三王、五霸，明主贤君，常欲坐而致之，其势不能，故以战续之。宽则两军相攻，迫则杖戟相撞，然后可建大功。是故兵胜于外，义强于内；威立于上，民服于下。今欲并天下，凌万乘，诎敌国，制海内，子元元③，臣诸侯，非兵不可！今之嗣主，忽于至道，皆惛于教，乱于治，迷于言，惑于语，沉于辩，溺于辞。以此论之，王固不能行也。"

说秦王书十上而说不行。黑貂之裘敝，黄金百斤尽，资用乏绝，去秦而归。嬴滕履屩④，负书担囊，形容枯槁，面目犁黑，状有愧色。归至家，妻不下纴⑤，嫂不为炊，父母不与言。苏秦喟然叹曰："妻不以我为夫，

苏秦引古论今，以"铺陈排比"句式，阐述自己的观点，尽显巧舌如簧之才。

细致入微的人物形象描写，与后文苏秦得志后的形象形成了鲜明的对比。

苏秦以连横说秦

战国策

---

① 从：通"纵"，指合纵。
② 饬：通"饰"，巧饰。
③ 元元：指百姓。
④ 嬴滕（téng）履屩（juē）：缠着绑腿布，穿着草鞋。嬴，通"累"，缠绕。
⑤ 纴（rèn）：织布机。

嫂不以我为叔，父母不以我为子，是皆秦之罪也。"乃夜发书，陈箧①数十，得太公《阴符》之谋，伏而诵之，简练以为揣摩。读书欲睡，引锥自刺其股，血流至足②。曰："安有说人主不能出其金玉锦绣，取卿相之尊者乎？"期年，揣摩成，曰："此真可以说当世之君矣！"

于是乃摩燕乌集阙③，见说赵王④于华屋⑤之下。抵掌而谈。赵王大说，封为武安君，受相印。革车百乘，锦绣千纯，白璧百双，黄金万镒，以随其后，约从散横，以抑强秦。故苏秦相于赵而关⑥不通。

此处内容运用了夸张渲染的艺术手法，使人物形象更为传神。

> 锥子使我意识清醒。

---

① 箧：箱子。
② 足：脚跟。
③ 燕乌集阙：燕乌，乌鸦的一种。这里以乌集宫阙之状，比喻博喻宏辞、纵横开阖的说辩艺术。
④ 赵王：指赵肃侯。
⑤ 华屋：宫殿。
⑥ 关：指的是六国通秦要道函谷关。

当此之时，天下之大，万民之众，王侯之威，谋臣之权，皆欲决于苏秦之策。不费斗粮，未烦一兵，未战一士，未绝一弦，未折一矢，诸侯相亲，贤于兄弟。夫贤人任而天下服，一人用而天下从。故曰：式①于政，不式于勇；式于廊庙之内，不式于四境之外。当秦之隆，黄金万镒为用，转毂连骑，炫熿于道。山东之国，从风而服，使赵大重。且夫苏秦特穷巷掘门②、桑户棬枢之士耳，伏轼③撙④衔，横历天下，庭说诸侯之主，杜左右之口，天下莫之伉⑤。

将说楚王，路过洛阳。父母闻之，清宫除道，张⑥乐设饮，郊迎三十里。妻侧目而视，倾耳而听。嫂蛇行匍伏，四拜自跪而谢。苏秦曰："嫂，何前倨⑦而后卑也？"嫂曰："以季子⑧位尊而多金。"苏秦曰："嗟乎！贫穷则父母不子，富贵则亲戚畏惧。人生世上，势位富厚，盖⑨可以忽乎哉！"

全文中多次运用四字对偶的句式，不仅带来了良好的阅读感受，也是一种重要的文学艺术表现方式。

此处与前文相互呼应，并且产生了强烈对比，这也是本文中多次出现的对比桥段。

苏秦以连横说秦

战国策

---

① 式：用、靠。
② 掘（kū）门：挖墙作为门。掘，通"窟"，洞穴。
③ 轼：车前面的横木。
④ 撙（zǔn）：控制。
⑤ 伉：匹敌，相当。
⑥ 张：设置。
⑦ 倨：傲慢。
⑧ 季子：指苏秦，季子是他的字。
⑨ 盖（hé）：通"盍"，何。

　　一开始，苏秦游说秦惠王时，提出了连横的策略。苏秦对秦惠王说："大王的国家，西有巴、蜀、汉中的财富，北可以享用胡貉、代马等物产，南有巫山、黔中做屏障，东则有坚固的殽山和函谷关。田地肥沃，百姓富足，战车有万辆，武士有上百万，这里千里沃野，物资富饶，地势又便利，秦国可以说是大自然的宝库，天下最好的国家呀。我觉得凭借大王的贤明、士兵百姓的众多、车马装备的效用以及兵法的教习，能吞并诸侯统一天下。而大王您完全可以成为帝王治理国家。希望大王您稍费精神，允许我奏明实现目标的策略。"

　　秦惠王听后，婉拒说："寡人听说，羽毛不丰满的鸟

大王，您给我个机会，我还您一个霸业。

以后再说吧。

就飞不高；礼乐法度如果不健全就不能实施刑罚；人若不够宽厚仁德，就不能役使百姓；而政教不顺民心，就不能劳烦大臣。今天先生愿意不远千里，郑重地来到朝廷教导我，我很感激，但我希望改天再听您的教诲。"

苏秦闻言，没有放弃，继续说："我原本就料到大王不会接受我的建议。您要知道，过去神农讨伐补遂，黄帝讨伐涿鹿、擒获蚩尤，唐尧讨伐骥兜，虞舜讨伐三苗，夏禹讨伐共工，商汤讨伐夏桀，周文王讨伐崇国，周武王讨伐殷纣王，齐桓公用武力征服天下。由此可见，哪有不采取战争手段而完成大业的呢？古时候使者的车辆频繁往来，彼此之间用语言相互联系，天下融为一体；后来实行约纵连横的策略，战争就不停息了。文士们个个巧舌如簧，诸侯们却听得稀里糊涂；各种事端层出不穷，却难以厘清；当时法令制度都很完备，但人们却虚假奸诈；条文又多又乱，百姓日子不好过；君臣上下愁容满面，民不聊生；所以话说得漂亮，道理讲得透彻，战争反而更加频繁；你看那些身穿华丽衣服的辩士到处游说，但战事却没有停息；他们的文辞繁杂浮夸，也没让天下变得太平；讲的人舌头都说破了，听的人耳朵都聋了，还是没成功；嘴上说着仁、义、礼、信，可终究不能让天下相亲。依我看，还不如废弃文治，注重武力，用优厚的待遇来蓄养将士，备好战甲，磨快兵器，在战场上一决胜负。古代的五帝、三王、五霸和其他贤明的君主何尝不希望通过等待获得利益，靠安然静坐就拓展疆土？可想而知根本不可能，所以只能依靠战争来解决这些问题。距离远的就摆开阵势相互

战国策

攻击，距离近的就手持兵器拼力搏杀，然后才能建立伟大的功绩。对外军队取得了胜利，对内因行仁义而变得强大。上面的国君树立起威信，才能使下面百姓臣服。现在想要吞并天下，凌驾在别国之上，征服敌国，控制海内，统治人民，使诸侯臣服，不用武力是不行的。现今在位的君主，忽视这个道理，不明教化，更不懂治国，终日被花言巧语所迷惑，沉溺在巧言诡辩中不能自拔。现在看来，大王是不会采纳我的建议了。"

苏秦游说秦惠王，上书数十次，可他的主张始终没有被采纳。他的黑貂皮袍穿破了，一百斤黄金用完了，费用一点没剩。没办法，苏秦只好灰头土脸地离开秦国，返回家乡。他裹着绑腿布，穿着草鞋，背着书挑着行李，身体干瘦，脸色黝黑，一脸羞愧。回到家后，不仅妻子坐在织布机上不理他，嫂子也不给他做饭，甚至连父母都不同他讲话。苏秦见此，叹着气说："妻子不把我当丈夫，嫂子不把我当小叔，父母不把我当儿子，这都是我的罪过呀。"于是连夜翻箱倒柜，打开十几个书箱，找到了一本姜太公所写的兵书《阴符》。从此，他日夜伏案诵读，看到重要的部分就熟记下来，并结合当时的形势加以揣摩、研究、体会。读书读到困倦的时候，苏秦就拿一把锥子猛刺自己的大腿，以致鲜血一直流到脚后跟。他时常告诫自己："哪有去游说君主却得不到财富、地位的人呢？"坚持了一年，终于钻研成功，苏秦说："这回真的可以说动当今天下的君主了！"

苏秦便以燕乌集阙般的说辞，在华丽的宫殿中拜见并劝说赵王。两个人谈得非常投机。赵王很高兴，就封苏秦做了武安君，并授予他相印，赐给他兵车一百辆，锦缎千匹，美玉一百对和黄金一万镒，用以去联合六国，瓦解连横，从而抑制强秦。所以苏秦在赵国为相期间，函谷关的交通便断绝了。

那时，广袤的天下，众多的百姓，王侯的威望以及大臣的权力都为苏秦的策略所左右。他没有花费一斗粮，没有动用一个士兵，没打过一场仗，没断一张弓，没折一支箭，就使六国的诸侯彼此亲善，关系比兄弟还要好。贤人当政则天下信服，用对一个人，天下人都能联合到一起。所以说："依靠德政，不依靠武力；靠朝堂内的决策，而不靠国境之外的战争。"苏秦权势最盛的时候，有万镒黄金可以支配，身后跟着众多随从，车马队伍威风凛凛地在道路上奔驰，崤山以东的诸侯国有如风吹草动般地听从苏秦的指挥，从而大大提高了赵国的地位。当年的苏秦，只不过是住在穷屋陋巷中的读书人罢了，现在他却能手扶车前横木，控制着马缰绳，走遍天下，在各国朝堂之上游说诸侯，把君王左右的亲信都辩得哑口无言，天下几乎没有人能与他抗衡。

后来，苏秦将要去游说楚王，路过洛阳。他的父母听说后，清理房屋打扫街道，敲锣打鼓准备酒席，在三十里之外的远郊迎接他；他的妻子不敢正眼瞧他，侧着耳朵听他讲话；他的嫂子趴在地上像蛇一样爬行而来，朝他拜了四拜，跪着自己认错。苏秦问道："嫂子，你为什么之前那样傲慢现在却如此谦卑呢？"嫂子说："因为你现在地位尊贵又有钱。"苏秦感叹："唉！贫穷的时候父母都不把你当儿子看待，富贵的时候亲人都害怕你。人活在世上，对于权势地位荣华富贵，怎么能忽视呢？"

## 《疑·难·字》

蜀（shǔ）　貉（hé）　　黔（qián）　毃（xiáo）　俨（yǎn）

涿（zhuō）　蚩（chī）　　骦（huān）　纣（zhòu）　榖（gǔ）

戟（jǐ）　　诎（qū）　　惛（hūn）　　滕（téng）　屫（juē）

槁（gǎo）　纴（rèn）　　熿（huáng）　棬（quān）　搏（zǔn）

## 《特·殊·句》

◆ **被动句**

皆惛于教，乱于治，迷于言，惑于语，沉于辩，溺于辞。（主语
与谓语之间是被动关系）

◆ **判断句**

是皆秦之罪也。

"是"意为"这"，"也"表判断。

◆ **省略句**

说秦王书十上而说不行。（省略主语）

原句应为"（苏秦）说秦王书十上而说不行"。

◆ **倒装句**

天下莫之伉（定语前置）

原句语序应为"天下莫伉之"。

## 《词·类·活·用》

宽则两军相攻，迫则杖戟相撞（杖戟：手持杖戟。名词作动词。）

子元元，臣诸侯（臣：使……臣服。使动用法。）

故苏秦相于赵而关不通（相：做宰相。名词作动词。）

张乐设饮，郊迎三十里（郊：在郊外。名词作状语。）

# 司马错论伐蜀

公元前316年，巴、蜀发生战争，秦惠王想借机伐蜀。没想到，韩国却举兵攻打了秦国的边境。如此一来，便有一个难题摆在了秦惠王面前：伐蜀还是伐韩。由此，主张伐韩的秦相张仪与主张伐蜀的秦将司马错展开了一场激烈的辩论。双方围绕着自己的主张，摆事实、讲道理，互不相让。秦王采纳了司马错的意见，一举灭蜀，为秦国的富强及日后统一天下奠定了基础。

## ‹ 大秦研究室　　　　　　　　　　　　　•••

 **永远十九岁的嬴驷（秦惠王）** 群主

> 本王最近为伐蜀还是伐韩之事颇为上火，望众臣畅所欲言，给出建设性意见。

鬼谷子爱徒张仪更名为秦相张仪

**秦相张仪**

> 臣觉得伐韩更靠谱，这可是咱们成就霸业的重要步骤。@永远十九岁的嬴驷（秦惠王）

**秦将（司马错）**

> @秦相张仪 相国此言差矣，恕我不敢苟同。@永远十九岁的嬴驷（秦惠王）大王，伐韩万万不可，否则很有可能偷鸡不成蚀把米，臣认为"得蜀即得楚"，还是伐蜀吧，名利双收。

 **永远十九岁的嬴驷（秦惠王）** 群主

> @秦将（司马错）言之有理，本王决定即刻挥师攻打蜀国！

司马错论伐蜀

战国策

## 《品·原·文》

司马错①与张仪②争论于秦惠王前。司马错欲伐蜀，张仪曰："不如伐韩③。"王曰："请闻其说。"

对曰："亲魏善楚，下兵④三川⑤，塞轘辕、缑氏⑥之口，当屯留之道。魏绝南阳，楚临南郑，秦攻新城、宜阳，以临二周之郊，诛周主之罪，侵楚、魏之地。周自知不救，九鼎⑦宝器必出。据九鼎，按图籍，挟天子以令天下，天下莫敢不听，此王业也。今夫蜀，西僻⑧之国，而戎狄之长也，敝兵劳众不足以成名，得其地不足以为利。臣闻：'争名者于朝，争利者于市。'今三川、周室，天下之市朝也。而王不争焉，顾⑨争于戎狄，去王业远矣。"

司马错曰："不然。臣闻之，欲富国者，务广其地；欲强兵者，务富其民；欲王者，务博其德。三资⑩者备，而王随之矣。今王之地小民贫，故臣愿从事于易。夫蜀，

开篇简单的一句话交代了事件的主要内容，并营造了紧张的氛围。

此处运用了排比的修辞手法，虽然司马错是个武将，但却不乏文人的才华。

---

① 司马错：战国时秦国的名将。
② 张仪：战国著名的纵横家之一，秦国的名臣。
③ 韩：指诸侯国韩国。
④ 下兵：出兵。
⑤ 三川：指当时韩国境内黄河、伊水、洛水三条河流经的区域。
⑥ 轘（huán）辕、缑（gōu）氏：均为山名。
⑦ 九鼎：传说夏禹收天下之金铸了九个鼎，是夏、商、周三代的传国宝物，代表国家政权。
⑧ 僻：偏僻。
⑨ 顾：反而。
⑩ 三资：指代上面提到的三方面内容。

西僻之国也，而戎狄之长也，而有桀、纣之乱。以秦攻之，譬如使豺狼逐群羊也。取其地，足以广国也；得其财，足以富民。缮兵①不伤众，而彼已服矣。故拔一国，而天下不以为暴；利尽西海，诸侯不以为贪。是我一举而名实两附②，而又有禁暴止乱之名。今攻韩劫天子，劫天子，恶名也，而未必利也，又有不义之名。而攻天下之所不欲，危！臣请谒③其故：周，天下之宗室也；韩，周之与国④也。周自知失九鼎，韩自知亡三川，则必将二国并力合谋，以因⑤乎齐、赵，而求解乎楚、魏。以鼎与楚，以地与魏，王不能禁。此臣所谓'危'，不如伐蜀之完⑥也。"惠王曰："善！寡人听子。"

　　卒起兵伐蜀，十月取之，遂定蜀。蜀主更号为侯，而使陈庄⑦相蜀。蜀既属⑧，秦益强富厚，轻诸侯。

---

① 缮兵：整治军备。
② 名实两附：名实两得。
③ 谒：告诉、讲解。
④ 与国：同盟国，友好国家。
⑤ 因：依靠。
⑥ 完：指计划完备。
⑦ 陈庄：秦国的大臣。
⑧ 属：归顺。

## 〖见·其·译〗

司马错和张仪在秦惠王面前争论起来。司马错建议讨伐蜀国，张仪说："不如讨伐韩国。"秦惠王说："请让我听听你们的见解。"

张仪说："咱们先亲近魏国、与楚国交好，然后出兵三川，阻塞辕辕、缑氏的出口，挡住屯留的要道。然后让魏国封锁南阳，让楚国攻打南郑，而我们攻打新城、宜阳，兵临东、西二周的都城近郊，声讨两周君主的罪过，之后再趁机侵占楚国与魏国的地盘。周王室知道没人救自己，一定会把九鼎宝器拿出来。我们占有九鼎，掌握地图和户籍，就可以挟制周天子以他的名义号令天下。到时各诸侯国没有人敢不听，这是称王的大业。而蜀国只是西部一个偏僻的小地方，戎狄的头目而已。劳师动众地攻打它，不能成就我们的霸业；得到他们的土地，也没有什么好处。我听说：'要争名得在朝堂之上，要争利益得到集市之中。'现在三川、周室才是天下名利集中的地方，大王不去争夺，却要去争夺戎狄的地方，

此言差矣！

这离成就帝业太遥远了。"

司马错听罢，说："我不认同。臣听说，要想让国家富足，必须扩大自己的疆域；想要兵力强盛，必须让百姓富足；想称王治理天下，一定要广布恩德。以上三个条件都具备了，那么帝业自然就达成了。现在我们的国家疆域狭小，百姓贫穷，所以臣认为就应该先做容易的事。蜀国虽然是西部的偏僻小国，是戎狄诸国的头儿，但却像夏桀、商纣当政时一样混乱。我们趁这个机会去攻打它，就像豺狼追赶羊群一样容易。占领其土地能扩张疆域，获取他们的财富可以让我们的百姓富足。完成此事，只要打上一仗，不需要损伤民众，就能让蜀国归顺。因此，秦国虽然攻取了一个国家，但天下人并不认为我们残暴；取尽蜀国的财富，其他诸侯也不会认为我们贪婪。这样做可以名利双收，并且为我们赢得平定叛乱的好名声。如果我们去攻打韩国，胁迫周天子，必然有损声誉，还未必会得到好处。为一个不义之名去攻打天下人都不想攻打的国家，这是一件危险的事。请允许我解释一下危险的理由：周朝，是天下诸侯的宗室；韩国，是周朝的友邦。周一旦知道自己会失去九鼎，韩国一旦知道自己会丢掉三川之地，自然会联合起来对付我们，还会因此依靠齐国与赵国的力量，向楚、魏求援。周把鼎给楚国，韩把土地给予魏国，这是大王制止不了的事情，这就是臣所说的危险。不如攻打蜀国那么妥善啊！"秦惠王听后，赞赏地说："讲得好，寡人听你的。"

于是，秦国派兵攻打蜀国，用了十个月夺取蜀国的土地，顺利平定蜀国，蜀国君主的称号被降为侯，秦国大臣陈庄受命前去辅佐。蜀国归顺之后，秦国越来越强大、富庶，更不把其他诸侯国放在眼里了。

## 《疑·难·字》

镮（huán）　辕（yuán）　缑（gōu）　鼎（dǐng）

譬（pì）　缮（shàn）　谒（yè）

## 《特·殊·句》

◆ **倒装句**

司马错与张仪争论于秦惠王前。（状语后置）

原句语序应是"司马错与张仪于秦惠王前争论"。

◆ **判断句**

今夫蜀，西僻之国。

主语是"蜀"，谓语是"西僻之国（名词词组）"。

◆ **成语积累**

**争名于朝，争利于市**：在朝堂上争夺名位，在集市上计较赢利得失，即争名夺利。朝：朝廷。市：市场。

本王之前怎么不知道你的口才如此了得？

大王见笑了，其实我早年也学习过"纵横之术"。

# 范雎说秦王

秦昭王当政初期，宣太后和她弟弟穰侯所代表的外戚集团日益强大，一度威胁帝位。这时，在魏国遭诬受冤的范雎逃到秦国。他抓住秦统治阶级内部矛盾的要害，劝昭王削弱以宣太后为首的"四贵"势力。这与秦昭王的想法不谋而合，范雎因此得以走上秦国的政治舞台。本文讲述的正是秦昭王第一次召见范雎时的情形。

**头版头条 爱看不看**

## 昔日魏国门客，此番入秦意欲何为？

本报记者最新报道，魏国中大夫须贾曾经的门客范雎，已进入秦国境内。有传言称，他曾通齐卖魏，因此差点被魏齐鞭笞致死，侥幸逃脱后，他化名张禄。他此次入秦是为了什么？秦昭王会收留一个这样的谋士吗？敬请关注本报后续报道……

**路人甲日报**

范雎说秦王

战国策

### 读者留言

范雎：我是清白的，没有通齐卖魏，总有一天我会报仇的！

魏齐（魏国相国）回复范雎：叛国之徒！我劝你乖乖回魏国受死！

郑安平回复范雎：看到你安全我就放心了！飞黄腾达后别忘了我这个救命恩人。

秦昭王回复范雎：本王爱惜人才，我代表秦国欢迎范谋士的到来。

## 《品·原·文》

范雎<sup>①</sup>至，秦王<sup>②</sup>庭迎范雎，敬执宾主之礼，范雎辞让。是日见范雎，见者无不变色易容者。秦王屏左右，宫中虚无人。秦王跪而进曰："先生何以幸教寡人？"范雎曰"唯唯"。有间，秦王复请，范雎曰"唯唯"。若是者三。秦王跽<sup>③</sup>曰："先生不幸教寡人乎？"

本段范雎三次相同的回答，体现了范雎老谋深算、谨慎入微的性格。秦惠王的三问把自己的心思完全暴露出来，范雎这招"请君入瓮"非常厉害。

> 秦国欢迎你！

① 范雎（jū）：战国时期的政治家、纵横家。
② 秦王：指秦昭襄王，名嬴稷。
③ 跽：一种坐姿。古时人们席地而坐时，双膝着地，臀部贴在自己的脚后跟上。臀部不贴脚跟为"跪"，跪而挺身直腰即为"跽"。

范雎谢曰："非敢然也。臣闻昔者吕尚①之遇文王也，身为渔父而钓于渭阳之滨耳。若是者，交疏也。已一说而立为太师，载与俱归者，其言深也。故文王果收功于吕尚，卒擅天下②而身立为帝王。即使文王疏吕望而弗与深言，是周无天子之德，而文、武无与成其王也。今臣，羁旅③之臣也，交疏于王，而所愿陈者，皆匡④君臣之事，处人骨肉之间。愿以陈臣之陋忠，而未知王心也，所以王三问而不对者是也。

"臣非有所畏而不敢言也。知今日言之于前，而明日伏诛于后，然臣弗敢畏也。大王信行臣之言，死不足以为臣患，亡不足以为臣忧，漆身而为厉⑤，被发而为狂，不足以为臣耻。五帝之圣而死，三王之仁而死，五霸之贤而死，乌获⑥之力而死，奔、育⑦之勇而死。死者，人之所必不免。处必然之势，可以少有补于秦，此臣之所大愿也，臣何患乎？

引用典故，以此比喻自己与秦王现在的关系，交代自己的立场，博取惠王的信任。

运用排比的修辞手法，进一步加深感情，诠释观点。

范雎说秦王

战国策

① 吕尚：指姜太公。
② 擅天下：指拥有天下。
③ 羁旅：长期旅居他乡。
④ 匡：纠正。
⑤ 厉（lài）：借作"癞"，生癞疮。
⑥ 乌获：人名，秦国的一位大力士。
⑦ 奔、育：人名，分别指孟奔、夏育，均为卫国勇士。

"伍子胥橐载而出昭关，夜行而昼伏，至于菱水①，无以糊其口，膝行蒲伏②，乞食于吴市③，卒兴吴国，阖闾④为霸。使臣得进谋如伍子胥，加之以幽囚不复见，是臣说之行也，臣何忧乎？箕子、接舆⑤，漆身而为厉，被发而为狂，无益于殷、楚。使臣得同行于箕子、接舆，可以补所贤之主，是臣之大荣也，臣又何耻乎？

"臣之所恐者，独恐臣死之后，天下见臣尽忠而身蹶也，是以杜口裹足，莫肯即秦耳。足下上畏太后之严，下惑奸臣之态；居深宫之中，不离保傅之手，终身暗惑，无与照奸，大者宗庙灭覆，小者身以孤危。此臣之所恐耳！若夫穷辱之事，死亡之患，臣弗敢畏也。臣死而秦治，贤于生也。"

秦王跪曰："先生是何言也！夫秦国僻远，寡人愚不肖，先生乃幸至此，此天以寡人慁⑥先生，而存先王之庙也。寡人得受命于先生，此天所以幸先王而不弃其孤也。先生奈何而言若此！事无大小，上及太后，下至大臣，愿先生悉以教寡人，无疑寡人也。"范雎再拜，秦王亦再拜。

范雎多次引用贤士的事迹，这不仅是论证自己观点的一种方式，也为了从侧面说明自己与他们一样有才干。

---

① 菱（líng）水：地名，即溧水。这里指江苏溧阳一带。
② 蒲伏：通"匍匐"。
③ 吴市：地名，指现在的江苏省溧阳一带。
④ 阖闾：吴国的国君。
⑤ 箕子、接舆：人名。箕子是商纣王的叔父，接舆是春秋时楚国的一位隐士。
⑥ 慁（hùn）：打扰、劳烦。

范雎来到秦国，秦昭王在宫廷迎接范雎，并恭敬地用正式的宾主礼仪接待他，范雎也客气地称谢谦让。就在当天，秦王便召见了范雎，凡是见到当时接见场景的人没有不惊讶变色的。秦王让左右的人都退下，等宫殿中没有别人了，才跪坐起来说："先生打算用什么来指教我呢？"范雎"嗯嗯"应了一声，却没有回答。过了一会儿，秦王再次请教，范雎又"嗯嗯"应了一声，一连三次都是这样。秦王挺直上身跪着说："先生是不愿意指教我吗？"

范雎向秦王谢罪说："不敢如此。我听说当初吕尚遇到文王的时候，只是在渭水北岸垂钓的渔父罢了。他们的关系可以说是非常生疏。结果两人交谈后，文王就任他做了太师，还与他一起乘车回去，看来他们交谈得非常深入啊。后来，文王果真在吕尚的帮助下建功立业，拥有了天下，成了帝王。如果当初文王因为跟吕尚关系生疏不与他深入交谈，那便说明周室还不具备做天子的德行，文王、武王也就不能成为王了。如今，我只是一个客居他乡的人，与大王交情疏淡，而我所想要陈述的主张，又都是些匡正君臣的事，而且处在大王的骨肉之间。我虽然愿意呈献自己浅陋的忠诚，却不知大王的心意如何，所以大王连问三次而不回答，就是这个原因。

"我并不是因为害怕而不敢说，就算今天在大王面前陈述主张，明天就被杀掉，我也不会害怕。只要大王相信并实施我所说的话，那么即使死，我也不会觉得痛苦；即便逃亡，我也不会忧愁；即便用漆涂满全身成了癞疮，披头散发成为狂人，我也不觉得耻辱。五帝那样的圣人会死，三王那样的仁人会死，五霸那样的贤人会死，乌获那样的力士也会死，孟奔、夏育那样的勇士同样会死。死亡，是任何人都避免不了的。倘若在必然会死的情况下，可以对秦国有一点点的益处，这就是我最大的愿望了，我还有什么值得顾虑的呢？

"伍子胥藏在袋子里混出昭关，夜间赶路，白天隐藏起来，到了溇水，没东西可吃，跪着走，在地上爬，在吴市讨饭，最后振兴吴国，使吴王阖闾成了霸主。如果我能像伍子胥那样进献计谋，就是把我关进牢房，终身不能再见大王，只要我的主张能够实行，我又有什么可以忧伤的呢？箕子、接舆他们全身涂漆像生癞疮，披头散发装作发狂，可是对殷朝、楚国没有任何帮助。假如我必须跟箕子、接舆一样，全身涂漆才能帮助我认为的贤明君主，这就是我最大的荣耀了，我又有什么可觉得耻辱的呢？

"我所担心的是，当我死之后，天下人见到我因为尽忠而死，因此便闭口不言，裹足不前，不肯再来秦国了。大王现在上怕太后的威严，下被奸臣的伪装所迷惑，居住在深宫里，不能摆脱权臣的制约，终身被蒙蔽，没法洞察奸佞，这样下去，大则王室覆灭，小则使您自己陷入孤立无助的地步。这才是我害怕的事情啊！至于那些个人被困受辱的事，处死流亡的祸患，我不觉得害怕。我死了却让秦国被治理好，这比我活着更有意义。"

秦王于是跪坐着说："先生讲的是什么话！秦国地处偏远，寡人愚蠢不明事理，先生能来到这里，是上天让寡人来劳烦先生，从而能保存先王宗室。寡人能接受先生的教诲，这是上天眷顾先王，不肯舍弃他的儿子我的缘故啊。先生为什么要这样说呢！事不论大小，上到太后，下到群臣，希望先生毫无保留地教导寡人，不要怀疑寡人的诚意啊。"范雎向秦王拜了两拜，秦王也向范雎拜了两拜。

睢（jū）　　眍（jì）　　渭（wèi）　　疏（shū）　　擅（shàn）

羁（jī）　　胥（xū）　　橐（tuó）　　蔆（líng）　　蒲（pú）

阖（hé）　　箕（jī）　　舆（yú）　　蹶（jué）　　恩（hùn）

## 《 特 · 殊 · 句 》

◆ **倒装句**

交疏于王。（状语后置）

原句语序应是"于王交疏"。

◆ **判断句**

今臣，羁旅之臣也。

"也"表示判断。

此天所以幸先王而不弃其孤也。

"也"表示判断。

◆ **省略句**

已一说而立为太师。（省略主语）

原句应为"已一说（文王）而立（吕尚）为太师"。

## 《 词 · 类 · 活 · 用 》

秦王庭迎范睢（庭：同"廷"，表示处所，在宫廷。名词作状语。）

伍子胥橐载而出昭关（橐：本义口袋，指用口袋。名词作状语。）

无以糊其口（糊：给……吃食。使动用法。）

范睢说秦王

战国策

# 邹忌讽齐王纳谏

《知·历·史》

春秋战国时期，群雄争霸，各诸侯国之间尔虞我诈，天下动荡。这期间，一批有特殊见解、主张与胆识的政治家、纵横家就成了各国君主推行政治、治理国家强有力的助手。本文中的邹忌，就是战国时齐国著名的政治家、谋士。他在齐威王时期劝说君王听取谏言，改革新治，选拔人才，使齐国的国力日渐增强，他也因此实现了自己的政治抱负，官拜相国。

**邹忌分享了一个链接**

**论积极纳谏的重要性**

1 小时前

♡ 邹忌之妻、邹忌之妾、徐公、齐威王、燕国人甲、赵国人乙

✉ 邹忌之妻：相公不但人帅，说的话也好有道理啊！

邹忌之妾：相爷说什么都是对的。

徐公回复邹忌之妻：你们都什么眼神？我比他帅好不好。

齐威王：听君一席话，胜读十年书！我要从今日起广纳谏言。

燕国人甲：齐国有此良臣，国之幸矣。

赵国人乙回复齐威王：明君！！！

邹忌<sup>①</sup>修<sup>②</sup>八尺<sup>③</sup>有余，而形貌昳丽<sup>④</sup>。朝服衣冠<sup>⑤</sup>，窥镜<sup>⑥</sup>，谓其妻曰："我孰与<sup>⑦</sup>城北徐公美？"其妻曰："君美甚，徐公何能及君也？"城北徐公，齐国之美丽者也。忌不自信，而复问其妾曰："吾孰与徐公美？"妾曰："徐公何能及君也？"旦日<sup>⑧</sup>，客从外来，与坐谈，问之客曰："吾与徐公孰美？"客曰："徐公不若君之美也。"明日徐公来，孰<sup>⑨</sup>视之，自以为不如；窥镜而自视，又弗如远甚。暮寝<sup>⑩</sup>而思之，曰："吾妻之美我<sup>⑪</sup>者，私<sup>⑫</sup>我也；妾之美我者，畏我也；客之美我者，欲有求于我也。"

于是入朝见威王<sup>⑬</sup>，曰："臣诚知不如徐公美。臣之妻私臣，臣之妾畏臣，臣之客

> 从细致的人物肖像描写入手，引出故事的起因。

> 运用排比、反复的修辞手法，为下文劝说齐王听取谏言进行铺垫。

> 采用类比、推己及人的表现手法，突出邹忌的智慧。

① 邹忌：战国时著名的政治家，齐威王时任齐相。
② 修：长，这里指身高。
③ 尺：战国时期的一尺约等于现在的23.1厘米。
④ 昳（yì）丽：光艳美丽。
⑤ 朝服衣冠：早晨穿戴好衣帽。服，穿戴。
⑥ 窥镜：照镜子。
⑦ 孰与：与……相比怎么样，表示比较。
⑧ 旦日：第二天。
⑨ 孰：同"熟"，仔细。
⑩ 寝：躺、卧。
⑪ 美我：认为我美。
⑫ 私：偏爱。
⑬ 威王：指齐威王。

欲有求于臣,皆以美于徐公。今齐地①方千里,百二十城,宫妇②左右莫不私王,朝廷之臣莫不畏王,四境之内莫不有求于王:由此观之,王之蔽③甚矣。"

王曰:"善④。"乃下令:"群臣吏民能面刺⑤寡人之过者,受⑥上赏;上书谏寡人者,受中赏;能谤讥⑦于市朝,闻寡人之耳者,受下赏。"令初下,群臣进谏,门庭若市;数月之后,时时而间进⑧;期年⑨之后,虽欲言,无可进者。燕、赵、韩、魏闻之,皆朝于齐。此所谓战胜于朝廷。

文中多用排比句式,不仅朗朗上口,也使文章更有层次。

爱卿说得对呀。

① 地:疆域、土地。
② 宫妇:宫里侍妾一类女子。
③ 蔽:蒙蔽,这里指所受的蒙蔽。
④ 善:"好"的意思。
⑤ 面刺:当面指责。
⑥ 受:通"授",给予。
⑦ 谤讥:指责讥刺。
⑧ 间进:偶尔进谏。
⑨ 期年:满一年。

邹忌身高八尺多，而且神采焕发，容貌俊美。有一天早晨，他穿戴好衣冠，朝镜子里端详，对他的妻子说："我和城北的徐公相比，谁更美？"他的妻子说："您美极了，徐公怎么能比得上您呢！"城北的徐公是齐国的美男子。邹忌有些不自信，于是又问他的小妾说："我和徐公相比，谁更美？"小妾笑着回答说："徐公怎么能比得上您呢！"第二天，家里有客人前来拜访，邹忌和他面对面坐着交谈。其间，邹忌又想起了这个问题，于是就问客人："我和徐公相比，谁更美？"客人毫不迟疑地说："徐公不如您美啊。"又过了一天，徐公前来拜访，邹忌仔细地端详了他一番，觉得自己不如徐公美。之后，他又照镜子端详自己，更觉得自己比徐公差远了。晚上，邹忌躺在床上思考这件事，自言自语地说："我的妻子认为我美，是因为偏爱我；我的小妾认为我美，是害怕我；客人认为我美，是有事要求助于我。"

于是，邹忌上朝拜见齐威王，恭敬地说："我确实知道自己不如徐公美。可是我的妻子偏爱我，我的小妾惧怕我，我的客人对我有所求，所以他们都说我比徐公美。如今的齐国，疆域方圆千里，有一百二十座城池，宫中的姬妾和您身边的亲信侍臣，没有不偏爱大王的；朝廷中的大臣，没有不惧怕大王的；国内的百姓，没有不对大王有所请求的。这样看来，大王所受的蒙蔽太严重了。"

齐威王说："你说得真好。"于是，齐威王颁布命令："无论朝廷大臣、地方官吏，还是平民百姓，能够当面指出我过失

邹忌讽齐王纳谏

战国策

29

的人，给予上等奖赏；能上奏章劝谏我的，给予中等奖赏；能在众人集聚的公共场所指责、议论我的过失，并且能传到我耳中的，给予下等奖赏。"政令刚一下达的时候，大臣们上朝进言规劝，朝堂内外就像集市一样热闹。几个月以后，还有人时不时地前来进谏。一年以后，即使还有人想进言，也提不出什么批评意见了。燕国、赵国、韩国和魏国四国的君王听说了这件事，都到齐国来朝见齐威王。这就是所说的治理好自己的朝政，不需要动用武力，安坐于朝廷之上就可以战胜诸侯。

爱卿说得对，想听句实话太难了！

邹（zōu）　　昳（yì）　　窥（kuī）　　孰（shú）

寝（qǐn）　　蔽（bì）　　谏（jiàn）　　谤（bàng）

## 《特·殊·句》

◆ **倒装句**

忌不自信。（宾语前置）

原句语序应是"忌不信自"。

我孰与城北徐公美？（状语后置）

原句语序应是"我与城北徐公孰美"。

欲有求于我也。（状语后置）

原句语序应是"欲于我有求也"。

◆ **省略句**

与坐谈。（省略了主语"邹忌"和宾语"之"）

原句应为"（邹忌）与（之）坐谈"。

## 《词·类·活·用》

朝服衣冠（服：穿戴。名词作动词。）

私我也（私：偏爱。形容词作动词。）

能面刺寡人之过者（面：当面。名词作状语。）

齐威王

这要看到什么时候！

邹忌讽齐王纳谏

战国策

# 颜斶说齐王

《 知 · 历 · 史 》

战国时期，社会阶级地位分明，尊卑有序。"士"是当时一个特殊的社会阶层。他们大多有学识、有胆魄，见解独到，能言善辩，却时常得不到应有的尊重。本文讲述的就是颜斶（chù）不畏权势，针对"士贵"还是"王贵"这一社会问题，与齐宣王进行辩论，经过一番唇枪舌剑最终成功说服齐宣王的故事。

---

话题：高高在上的齐宣王居然也会吃瘪？     只看楼主   收藏   回复

---

**匿 名**

什么情况？有知道内情的不，介绍一下？

---

**齐国大臣甲**

颜斶区区一名"士"，居然在大王面前妄称"士"比"王"尊贵，真是岂有此理！更过分的是，他居然拒绝出仕！太不识抬举了！

---

**齐国民女**

"晚食以当肉，安步以当车，无罪以当贵"，颜斶太霸气了，完全就是我欣赏的类型！

---

**田辟疆（齐宣王）**

本王一心光大"稷下学宫"，不少文人学士趋之若鹜，怎么偏偏到颜斶这儿就碰了一鼻子灰呢？难过加不理解！

---

**颜 斶**

做官哪有隐居自由。大王相信我，你值得更好的！

齐宣王①见颜斶②，曰："斶前③！"斶亦曰："王前！"宣王不说④。左右曰："王，人君也；斶，人臣也。王曰'斶前'，斶亦曰'王前'，可乎？"斶对曰："夫斶前为慕势，王前为趋士⑤，与使斶为慕势，不如使王为趋士。"王忿然作色曰："王者贵乎？士贵乎？"对曰："士贵耳，王者不贵。"王曰："有说乎？"斶曰："有。昔者秦攻齐，令曰：'有敢去⑥柳下季垄⑦五十步而樵采⑧者，死不赦。'令曰：'有能得齐王头者，封万户侯，赐金千镒。'由是观之，生王之头，曾不若死士之垄也。"

宣王曰："嗟乎！君子焉可侮哉？寡人自取病⑨耳！愿请受为弟子。且颜先生与寡人游⑩，食必太牢，出必乘车，妻子衣服丽

通过细致地记叙人物的语言，突出人物的性格特点。这种表现手法，对后世影响深远。

运用排比的修辞手法。后文中有类似描写手法与之呼应。

颜斶说齐王

战国策

---

① 齐宣王：齐国的国君，姓田，名辟疆。
② 颜斶：战国时著名的隐士。
③ 前：上前来。
④ 不说：不高兴。说，通"悦"。
⑤ 趋士：礼贤下士。趋，接近。
⑥ 去：距离。
⑦ 垄：指坟墓。
⑧ 樵采：打柴。
⑨ 自取病：自取其辱。
⑩ 游：交往。

都①。" 颜斶辞去曰："夫玉生于山，制②则破焉，非弗宝贵矣，然太璞不完。士生乎鄙野，推选则禄焉，非不尊遂③也，然而形神不全。斶愿得归，<u>晚食以当肉，安步以当车，无罪以当贵，清净贞正以自虞</u>④。"则再拜而辞去。

君子曰："斶知足矣，归真返璞，则终身不辱。"

过来，给你富贵！

不去，我要自由！

① 丽都：华丽。
② 制：雕琢。
③ 尊遂：尊贵显达。
④ 自虞：自娱自乐。虞，通"娱"。

与前文相呼应，通过对比，更加深化人物的性格特点。

　　齐宣王召见颜斶说："颜斶过来！"颜斶说："大王过来！"宣王听后很不高兴。周围的大臣见此，连忙责备颜斶说："大王是一国之君，你是大王的臣子。大王说'颜斶过来'，你也说'大王过来'，你这样做对吗？"颜斶回答说："我主动走到大王面前，别人会说我贪慕权势；大王主动到我面前来，则是礼贤下士。与其让我做一个趋附权势的小人，不如让大王做个爱贤敬士的明主。"宣王听后很生气，勃然变色道："王尊贵，还是士尊贵？"颜斶斩钉截铁地回答："士尊贵，王不尊贵！"宣王又问："你这样说有根据吗？"颜斶说："有。从前秦国攻打齐国，下命令说：'如果有人敢在柳下季墓地五十步范围内伐木砍柴，一律死刑，决不赦免。'又有命令说：'如果有人能斩获齐王的头颅，就封万户侯，赏金千镒（两万多两）。'这样看来，活着的君王的头颅，还不如死去贤士的坟墓珍贵！"

　　宣王听后，感叹道："我怎么可以侮辱君子呢？真是自取其辱！我希望先生能辅佐我。颜先生只要与我一起做事，吃的一定是上等饭菜，出门一定会乘坐车马，你的妻子和孩子也都会穿上华丽的衣服。"颜斶一口回绝，告辞说："美玉大多生在山中，一经雕琢就被破坏了，并不是不宝贵了，而是它已经失去了本来的面目。士人生长在穷乡僻壤，一经举荐就能得到官位俸禄，并不是说这不尊贵显达，而是士人的身心受到诱惑，精神品质不全了。我情愿回家去，饿了再吃，其味和吃肉一样，缓步慢行，其适和乘车一样，不触犯法律就是富贵，清心寡欲节操纯正就是自娱自乐。"说完他向齐宣王拜了两拜，就离开了。

　　君子说："颜斶知道满足，他归于自然，返于淳朴，终身安乐不会受到羞辱。"

## 《疑·难·字》

斶（chù）　垄（lǒng）　赦（shè）　镒（yì）　哉（zāi）
璞（pú）　鄙（bǐ）　禄（lù）　遂（suì）　虞（yú）

## 《特·殊·句》

◆ 判断句

王，人君也。

主语是"王"，"也"表示判断。

## 《词·类·活·用》

斶前。（前：走上前，到前面来。方位名词作动词。）

◆ 成语积累

安步当车：慢慢地步行，就当是坐车。

忿然作色：因为愤怒，脸都变了颜色。

归真返璞：去掉外在的装饰，恢复原来的质朴状态。

入仕朝堂哪有归隐山林自在，可惜世人大都不懂"返璞归真"的道理啊！

# 冯谖客孟尝君

　　战国时期，养士之风大盛。齐国的孟尝君、赵国的平原君、魏国的信陵君以及楚国的春申君，被称为"战国四公子"，他们都以揽士养士为己任。本文讲的就是齐国的孟尝君对食客冯谖以礼相待，而冯谖也知恩图报，效仿狡兔，为孟尝君得"三窟"护身的故事。

**田文（孟尝君）**

薛邑的百姓很热情！梁国的国君更热情！没办法，我就是这么受欢迎！

1 小时前

♡ 冯谖

✉ 冯谖：相信我，您的未来一片光明！

　　孟尝君回复冯谖：这都是你的功劳。

　　齐湣王：本王之前被蒙了心，竟然不识忠奸，望你念在与我是一家人的情分上，还是回齐国来吧。

　　冯谖回复齐湣王："田甲劫王"事件与孟尝君无关，大王这么做实在不该！

　　梁国国君：梁国诚意满满，希望孟尝君早做决断。梁国国相之位非你莫属！

## 《 品·原·文 》

　　齐人有冯谖①者，贫乏不能自存，使人属②孟尝君③，愿寄食门下。孟尝君曰："客何好④？"曰："客无好也。"曰："客何能？"曰："客无能也。"孟尝君笑而受之曰："诺。"

　　左右以⑤君贱之也，食⑥以草具。居有顷⑦，倚柱弹其剑，歌曰："长铗⑧归来乎！食无鱼。"左右以告。孟尝君曰："食之，比⑨门下之客。"居有顷，复弹其铗，歌曰："长铗归来乎！出无车。"左右皆笑之，以告。孟尝君曰："为之驾⑩，比门下之车客。"于是乘其车，揭其剑，过其友曰："孟尝君客我。"后有顷，复弹其剑铗，歌曰："长铗归来乎！无以为家。"左右皆恶之，以为贪而不知足。孟尝君问："冯公有亲乎？"对曰："有老母。"孟尝君使人给其食用，无使乏。于是冯谖不复歌。

本段分别刻画了冯谖"贪得无厌"和孟尝君宽容大度的人物形象。运用欲扬先抑的表现手法，极有特点。

---

① 冯谖（xuān）：战国时齐国的战略家。
② 属（zhǔ）：致意。
③ 孟尝君：齐国贵族，"战国四公子"之一。
④ 好：爱好、擅长的事。
⑤ 以：因为。
⑥ 食（sì）：通"饲"，给……吃。
⑦ 居有顷：过了一段时间。有顷，意指时间短。
⑧ 长铗（jiá）：长剑。
⑨ 比：与……一样，等同。
⑩ 为之驾：为他配车。

后孟尝君出记[1]，问门下诸客："谁习计会[2]，能为文收责[3]于薛者乎？"冯谖署曰："能。"孟尝君怪之，曰："此谁也？"左右曰："乃歌夫'长铗归来'者也。"孟尝君笑曰："客果有能也，吾负之，未尝见也。"请而见之，谢曰："文倦于是，愦[4]于忧，而性懧愚，沉于国家之事，开罪于先生。先生不羞，乃有意欲为收责于薛乎？"冯谖曰："愿之。"于是约车治装，载券契而行。辞曰："责毕收，以何市而反[5]？"孟尝君曰："视吾家所寡有者。"

我会尽心辅佐您。

① 记：账册。
② 计会：会计。
③ 责（zhài）：通"债"。
④ 愦（kuì）：昏乱。
⑤ 反：通"返"，返回。

文章中的第一次转机，打破了冯谖"好吃懒做"的人物形象，为后文表现冯谖的深谋远虑埋下了伏笔。

驱而之薛，使吏召诸民当偿者，悉来合券①。券遍合赴，矫命②以责赐诸民，因烧其券。民称万岁。

长驱到齐，晨而求见。孟尝君怪其疾③也，衣冠而见之，曰："责毕收乎？来何疾也？"曰："收毕矣。""以何市而反？"冯谖曰："君云'视吾家所寡有者'。臣窃计，君宫中积珍宝，狗马实外厩，美人充下陈④，君家所寡有者以义耳！窃以为君市义。"孟尝君曰："市义奈何？"曰："今君有区区之薛，不拊爱⑤子其民，因而贾利之。臣窃矫君命，以责赐诸民，因烧其券，民称万岁。乃臣所以为君市义也！"孟尝君不说，曰："诺，先生休矣！"

后期年，齐王谓孟尝君曰："寡人不敢以先王之臣为臣。"孟尝君就国于薛。未至百里，民扶老携幼，迎君道中，终日。孟尝君顾谓冯谖："先生所为文市'义'者，乃今日见之。"

文章在刻画人物方面，采用了层层递进的表现手法。这段情节的设定，使人物的形象进一步鲜明起来。

全文惯用铺垫和对比烘托的手法。此处有承上启下的作用。

---

① 合券：验对债券。
② 矫命：假托……的命令。
③ 疾：速度快。
④ 下陈：原为宾主相接陈列礼品、站立傧从之处，位于堂下，此指后宫内室。陈，行列。
⑤ 拊（fǔ）爱：爱护，爱抚。

冯谖曰："狡兔有三窟，仅得免其死耳。今有一窟，未得高枕而卧也，请为君复凿二窟。"孟尝君予车五十乘，金五百斤，西游于梁①。谓梁王曰："齐放其大臣孟尝君于诸侯，先迎之者，富而兵强。"于是，梁王虚上位，以故相为上将军，遣使者，黄金千斤，车百乘，往聘孟尝君。冯谖先驱诫孟尝君曰："千金，重币也；百乘，显使也。齐其闻之矣。"梁使三反，孟尝君固辞②不往也。

齐王闻之，君臣恐惧，遣太傅赍③黄金千斤，文车二驷，服剑一，封书谢孟尝君曰："寡人不祥④，被⑤于宗庙之祟，沉于谄谀之臣，开罪于君，寡人不足为也，愿君顾先王之宗庙，姑反国统万人乎！"冯谖诫孟尝君曰："愿请先王之祭器，立宗庙于薛。"庙成，还报孟尝君曰："三窟已就，君姑高枕为乐矣！"

孟尝君为相数十年，无纤介⑥之祸者，冯谖之计也。

① 梁：指魏国都大梁。
② 固辞：坚决地推辞。
③ 赍（jī）：持物赠人。
④ 不祥：没有福气。
⑤ 被：遭受。
⑥ 纤介：细丝与草芥，形容细微。

通过夸张、对比、渲染的表现手法，突出冯谖的智谋与远见。

冯谖客孟尝君

战国策

## 〖见·其·译〗

　　齐国有一个名叫冯谖的人，家里穷得连自己也养不活，就让别人去求孟尝君，希望可以成为他门下的食客。孟尝君问道："此人有什么爱好吗？"介绍人回答说："他没有什么爱好。"孟尝君又问："此人有什么才能？"回答道："也没有什么才能。"孟尝君笑着答应了介绍人的请求，说："好吧。"

　　孟尝君手下的人因为主人的态度都看不起冯谖，平时只给冯谖吃一些粗茶淡饭。在孟尝君府上住了没多久，冯谖靠着廊柱敲打自己的佩剑，唱道："长剑啊，我们离开这儿回去吧！这里吃饭没有鱼啊。"随从们把这件事告诉了孟尝君。孟尝君说："按照中等门客的待遇，给他吃鱼。"又过了一段时间，冯谖又敲打着剑唱起来："长剑啊，我们离开这儿回去吧！这里出门没车坐。"随从们都嘲笑他，并把这件事告诉了孟尝君。孟尝君说："按照上等门客的待遇，给他配辆马车。"就这样，冯谖坐着车举着剑，去拜访自己的朋友。他对朋友说："孟尝君把我当上客看待。"此后不久，冯谖再一次敲打着剑唱道："长剑啊，我们离开这儿回去吧！住在这里没法养家。"随从们都讨厌他，觉得他贪心不知道满足。孟尝君听说后问手下的人："冯先生有亲人吗？"手下人说："有个老母亲。"孟尝君派人给她送去吃的用的，从来不让她缺什么东西。从这以后，冯谖不再唱歌了。

　　后来，孟尝君出示账簿，询问门下的食客："谁擅长算账，能替我到薛邑去收债？"冯谖签下自己的名字，说："我能。"孟尝君对此感到很奇怪，问道："这人是谁呀？"手下人说："他就是那个唱'长剑啊，我们离开这儿回去吧'的那个人。"孟尝君笑着说："这位门客果然有本领啊，是我对不住他，还从来没有见过他呢。"于是，孟尝君把冯谖请来见面，向他道歉说："我被小事弄得疲惫不堪，整天忧心忡忡，心昏意乱，再加上天性懦弱愚笨，整天忙于处理国家事务，以致得罪了先生。先生没有因为冷遇而觉得自己受到羞辱，您真的愿意为我到薛邑去收债吗？"冯谖说："是的，我愿意。"就这样，冯谖备好车收拾好行装，带上债券，准备上路。临走之前他向孟尝君告别，说："收完债款以后，需要买些什么东西回来呢？"孟尝君说："您看看我家缺少什么就买些回来吧。"

冯谖驱车来到薛邑，叫当地的官吏把欠债的百姓召集起来查验债券。等所有债券都核对完后，冯谖站起身假托孟

你们只要铭记孟尝君的仁义就好。

尝君的命令，宣布把所欠的债款都赏赐给百姓，并当众把债券烧掉了。百姓们高兴极了，全都大呼"万岁"。

之后，冯谖马不停蹄地赶回齐都，一大早就去拜见孟尝君。孟尝君对他这么快就回来了感到很奇怪，穿戴好出来接见他，说："债款都收完了？你怎么回来得这么快？"冯谖说："收完了。"孟尝君问："买了些什么回来？"冯谖说："您说'看我家里缺什么就买什么'。我心想，您宫中堆满了珍贵的宝物，猎狗和骏马挤满了畜棚，后宫里住满了美女佳丽。您家所缺少的只是'义'啊！我就擅自做主为您把'义'买回来了。"孟尝君说："买回了'义'是怎么回事？"冯谖说："现在您有一个小小的薛邑，可您并不爱护那里的百姓，没把他们当作自己的孩子，反而用商人的手段在他们身上谋取利益。我就擅自用您的名义，把债款都赏赐给了百姓，并且烧掉了所有的债券，百姓们非常感激您，都欢呼万岁。这就是我给您买的'义'啊！"孟尝君听了很不高兴，却只能说："好了，先生休息去吧！"

一年以后，齐湣王对孟尝君说："我不敢把先王的大臣当作自己的臣子。"孟尝君没办法，只好回到自己的封地薛邑。当他的车马距离薛邑还有一百多里的时候，人们就扶老携幼，早早地在路上等着迎接他，而且前来拜访的人从早到晚络绎不绝。孟尝君见到这种情况，回头对冯谖说："先生为我买回的'义'，我今天看到了。"

冯谖说："狡猾的兔子有三个藏身的洞穴，才勉强保住性命。现在您只有一个'洞穴'，还不能高枕无忧呢。请让我为您再去挖两个'洞穴'吧。"于是，孟尝君给了冯谖五十辆车、五百斤黄金，让他带着向西去游说梁国的君主。冯谖见到梁王后，对他说："齐王把他的大臣孟尝君放逐给诸侯国了，诸侯中谁最先迎接他，谁就能富国强兵。"梁王听罢，赶紧空出相位，让原来的国相改任上将军，同时又派出使者，带了一千斤黄金、一百辆车，去拜请孟尝君。冯谖驱车抢先回到孟尝君那里，提醒他说："千斤黄金，是很重的礼金啊；出动一百辆车，来的是显赫的使臣啊。齐国的君臣肯定会听到这个消息。"梁国的使者往返好几趟来拜请孟尝君，孟尝君都坚决地谢绝了。

齐湣王以及齐国其他大臣听说了这件事都很害怕，于是出动两辆带有彩饰的车子，由一位太傅带着一千斤黄金、一把齐王佩带过的宝剑以及一封信来给孟尝君赔礼道歉。齐湣王在信中说："我很没有福气，遭到了祖宗神灵的惩罚，被那帮阿谀逢迎的大臣所蒙蔽，这才得罪了您。虽然寡人不值得您辅佐，但希望您顾念先王留下的江山，姑且回齐国来治理百姓吧！"这时，冯谖又提醒孟尝君说："希望你向齐王求一件先王传下来的祭器，再在薛邑建一座祭祀齐国祖先的宗庙。"宗庙落成之后，冯谖回来报告孟尝君说："三个洞穴已经全部挖好了，您可以高枕无忧地过舒心日子了。"

孟尝君当了几十年齐相，没有遭受丝毫的祸患，全靠冯谖的谋划啊。

## 《疑·难·字》

谖（xuān）　铗（jiá）　薛（xuē）　愦（kuì）　券（quàn）

窃（qiè）　厩（jiù）　拊（fǔ）　狡（jiǎo）　窟（kū）

凿（záo）　遣（qiǎn）　聘（pìn）　赍（jī）　祟（suì）

## 《特·殊·句》

◆ 倒装句

以何市而反？（宾语前置）

原句语序应是"以市何而反"。

食以草具。（状语后置）

原句语序应是"以草具食"。

◆ 省略句

乃有意欲为收责于薛乎？（省略了宾语）

原句应为"乃有意欲为（吾）收责于薛乎"。

◆ 判断句

千金，重币也；百乘，显使也。

在句末用"也"字收尾，表示判断。

## 《词·类·活·用》

冯谖客孟尝君（客：做门客。名词作动词。）

先生不羞（羞：以……为羞。形容词意动用法。）

◆ 成语积累

狡兔三窟：狡猾的兔子有三个窝，比喻有多个藏身之处。

高枕无忧：垫高了枕头睡觉，无所忧虑，指平安无事，不用担忧。

# 触龙说赵太后

公元前 266 年，赵惠文王去世，他年少的儿子孝成王登上王位。不想第二年，秦国大举进攻赵国，并很快把赵国的三座城池收入囊中。此时，执掌朝政的太后赵威后非常焦急，连忙派人向齐国求援。可齐国非要她的小儿子长安君到齐国去当人质才肯出兵。赵威后溺爱小儿子，不肯答应这个要求。在国家生死存亡之际，大臣触龙作为说客，运用高超的说话艺术，成功劝说赵太后答应了齐国的要求，解了赵国的燃眉之急。

< **唯后独尊** ···

**群主**
**最宠长安君的娘亲（赵威后）**

> 齐国居然要长安君去做人质才肯出兵帮我们！长安君还那么小，叫我这个当娘的如何忍心？我绝不答应！

**燕武成王之妻（燕后）**

> 同样是您的孩子，母亲为何这般偏心？非要我远嫁，叫我有家不能回？

**赵丹（赵孝成王）**

> 母亲若是不同意，那赵国怎么办？您难道要眼睁睁看着赵国被灭吗？我可刚登上王位没几天。

**左师大人触龙**

> "父母之爱子，则为之计深远"，太后要把眼光放得长远些，这可是长安君立功的绝佳机会……

触龙说赵太后

战国策

47

《品·原·文》

赵太后①新用事②，秦急③攻之。赵氏求救于齐，齐曰："必以长安君④为质⑤，兵乃出。"太后不肯，大臣强谏。太后明谓左右："有复言令长安君为质者，老妇必唾其面！"

左师触龙⑥愿见。太后盛气而揖⑦之。入而徐趋⑧，至而自谢，曰："老臣病足，曾⑨不能疾走，不得见久矣，窃自恕。恐太后玉体之有所郄也，故愿望见。"太后曰："老妇恃辇⑩而行。"曰："日食饮得无衰乎？"曰："恃鬻耳。"曰："老臣今者殊不欲食，乃自强步，日三四里，少益嗜食，和于身。"曰："老妇不能。"太后之色少解。

左师公曰："老臣贱息⑪舒祺，最少，不肖。而臣衰，窃爱怜之。愿令补黑衣之数，以卫王宫，没死以闻。"太后曰："敬诺。"

简短几句话就交代了事件的起因，并为后文触龙的劝说做了铺垫。

通过对人物动作的精细描写，刻画了鲜明的人物形象。

第一个阶段，话家常。此处触龙的说话艺术，值得读者借鉴。

第二个阶段，引出新的话题，转化矛盾，让对手放松下来。同时，也突出了人物老练、善于劝谏的性格特点。

① 赵太后：这里指赵威后，赵孝成王的母亲。
② 新用事：刚刚执掌政事。
③ 急：加紧。
④ 长安君：赵太后的小儿子。
⑤ 质：人质。
⑥ 触龙：赵国的大臣。
⑦ 揖：揖让，古代宾主相见的礼节。
⑧ 徐趋：用快走的姿势慢步前行。
⑨ 曾：竟，副词。
⑩ 恃辇：依靠、凭借辇车。
⑪ 贱息：对自己孩子的谦称。

年几何矣？”对曰：“十五岁矣。虽少，愿及未填沟壑而托之。”太后曰：“丈夫①亦爱怜其少子乎？”对曰：“甚于妇人。”太后曰：“妇人异甚。”对曰：“老臣窃以为媪之爱燕后②贤于③长安君。”曰：“君过矣，不若长安君之甚。”左师公曰：“父母之爱子，则为之计深远。媪之送燕后也，持其踵为之泣，念悲其远也，亦哀之矣。已行，非

此处，触龙进入第三个阶段，也就是劝谏的正题。触龙采用了旁敲侧击的劝说技巧。

太后，赵国存亡在您一念之间啊！

触龙说赵太后

战国策

---

① 丈夫：古代男子的通称。
② 燕后：赵威后的女儿，嫁与燕王。
③ 贤于：超过。

弗思也，祭祀必祝之，祝①曰：'必勿使反。'岂非计久长，有子孙相继为王也哉？"太后曰："然。"

左师公曰："今三世以前，至于赵之为赵，赵王之子孙侯者，其继有在者乎？"曰："无有。"曰："微独②赵，诸侯有在者乎？"曰："老妇不闻也。""此其近者祸及身，远者及其子孙。岂人主之子孙则必不善哉？位尊而无功，奉③厚而无劳，而挟重器多也。今媪尊长安之位，而封以膏腴④之地，多予之重器，而不及今令有功于国。一旦山陵崩，长安君何以自托于赵？老臣以媪为长安君计短也，故以为其爱不若燕后。"太后曰："诺。恣⑤君之所使之。"于是为长安君约车百乘质于齐，齐兵乃出。

子义⑥闻之曰："人主之子也，骨肉之亲也，犹不能恃无功之尊，无劳之奉，以守金玉之重也，而况人臣乎！"

层层铺排，突出了触龙作为游说家巧舌如簧的特点。

① 祝：祈祷。
② 微独：不仅，不但。
③ 奉：通"俸"，俸禄。
④ 膏腴：肥沃。
⑤ 恣：任凭。
⑥ 子义：赵国的一位贤士。

　　赵太后刚刚执掌政事，秦国就加紧进攻赵国。赵太后向齐国求救，齐国却提出条件说："一定要让长安君来做人质，齐国才能派兵。"大臣们极力劝说，可赵太后说什么也不肯答应，并且她还明确地对大臣们说："要是再有人说让长安君去做人质的话，老太太我一定吐他一脸唾沫！"

　　左师触龙请求拜见太后，太后已猜到他的来意，怒气冲冲地等着他。触龙蹒跚地小步快走，到了太后面前请罪说："老臣的脚有病，不能快走，所以很久没来拜见您。虽然私自原谅了自己，但又担心太后的身体有什么不适，所以前来看望您。"太后说："我全是靠着坐辇车代步而行。"触龙说："每天的饮食没有减少吧？"太后说："吃些稀粥罢了。"触龙说："我近来也很不想吃东西，于是就强迫自己散步，每天步行三四里，食欲这才稍微增加了一些，身体也舒适了不少。"太后说："我可做不到。"这时，太后的怒色略微缓和了些。

　　左师公说："我的儿子舒祺年龄最小，没什么才能。可是我已经老了，私下比较疼爱他。我想让他递补黑衣卫士，来保卫王宫。我冒着死罪来禀明太后。"太后说："我答应你，他年纪多大？"左师公说："十五岁啦。虽然还很年少，但我希望在自己还没死的时候把他托付给您。"太后说："男人也疼爱自己的小儿子吗？"左师公说："比女人还厉害。"太后笑着说："女人疼爱得更厉害！"左师公说："我私下里觉得您疼爱燕后胜过疼爱长安君。"太后说："你错了，我爱燕后远远比不上爱长安君。"左师公说："父母疼爱子女，就要为他们做长远的打算。当初您老人家送燕后出嫁的时候，抱着她的脚后跟为她哭泣，这是为她远嫁他乡而伤心，也是真的非常疼爱她。她走了之后，您也不是不想念她，每到祭祀的时候就为她祝福、祷告，说：'一定不要被人家赶回来。'这难道不是为她做长远打算，希望她的子孙一代一代地成为国君吗？"太后说："确实是这样。"

左师公又说："从现在这一辈算起，上推到三代以前甚至到赵国刚建立的时候，赵王的子孙封侯的，他们的后代有至今还保住爵位的吗？"太后说："没有。"左师公说："不仅是赵国，其他诸侯的子孙封侯的，他们的后代有至今还保住爵位的吗？"太后说："老身我没听说过。"左师公说："这样说来，他们当中祸患来得早的降临到了自己身上，祸患来得晚的就殃及了子孙。难道国君的子孙就一定不好吗？在我看来，这是因为他们地位太高却没有什么功勋，俸禄优厚却没有劳绩，而且拥有的权位太高财宝太多啊。现在，您老人家给了长安君尊贵显赫的地位，把肥沃的土地封赏给他，还给予了他很多珍贵的财宝，却不让他趁着现在有机会为国家建立功绩，一旦您不在人世了，长安君凭借什么在赵国安身呢？我认为您为长安君打算得并不长远，所以才认为您疼爱他不如疼爱燕后。"太后听后叹气说："好吧，就任凭您来差遣他吧。"于是便给长安君准备了一百辆车，安排他到齐国去做人质，齐国的救兵随后才出动。

赵国的贤士子义听说了这件事，说道："国君的儿子是国君的亲生骨肉，尚且不能依靠没有功勋的尊贵地位、没有劳绩的优厚俸禄来维持自己的荣华富贵，更何况是做人家臣子的呢！"

唾（tuò）　郤（xì）　恃（shì）　辇（niǎn）

衰（shuāi）　殊（shū）　嗜（shì）　舒（shū）

祺（qí）　壑（hè）　媪（ǎo）　踵（zhǒng）

挟（xié）　腴（yú）　陵（líng）　崩（bēng）

## 《特·殊·句》

◆ 倒装句

赵氏求救于齐。（状语后置）

原句语序应是"赵氏于齐求救"。

而封以膏腴之地。（状语后置）

原句语序应是"而以膏腴之地封之"。

长安君何以自托于赵？（宾语前置）

原句语序应为"长安君于赵以何自托"。

◆ 判断句

非弗思也。

"非……也"表示否定判断。

## 《词·类·活·用》

没死以闻（闻：使……听到。使动用法。）

赵王之子孙侯者（侯：称侯，封侯。名词作动词。）

其继有在者乎（继：继承人。动词作名词。）

于是为长安君约车百乘质于齐（质：做人质。名词作动词。）

触龙说赵太后

战国策

53

# 唐雎说信陵君

《知·历·史》

　　"长平之战"后，秦国乘胜围攻赵国的邯郸，邯郸危在旦夕，赵国向魏国求救。公元前257年，魏王派将军晋鄙领军去营救赵国，却因受到秦国威胁，魏军按兵不动。生死存亡之际，信陵君指使魏王的宠妃如姬偷出能调兵遣将的虎符，杀了晋鄙夺取兵权，带兵救赵国于水火之中。为了感谢信陵君，赵孝成王亲自到边境迎接信陵君。信陵君因此有些得意扬扬，居功自傲。此时的唐雎还只是信陵君的一名食客，他看到信陵君的态度后，就劝说他不要骄傲，做事需谦虚谨慎。

**头版头条 爱看不看**

## 危急时刻救赵国于水火，信陵君威武！

路人甲日报

本报最新消息，魏国将军晋鄙前几日突然被杀，经证实，此乃信陵君魏无忌所为，目的是救赵国。魏无忌手握兵权成功解救赵国，如今已被赵王视为座上宾。有关人士推测，魏无忌此后很可能留在赵国，辅佐赵王……欲知后续情况如何，请持续关注本报报道。

### 读者留言

魏王：吃里爬外！你就待在赵国好了。

平原君赵胜：身为信陵君的姐夫，我尤感自豪。

读者甲：不愧是"战国四公子"之一，有魄力！点赞！

　　信陵君①杀晋鄙②，救邯郸③，破④秦人，存⑤赵国，赵王⑥自郊迎⑦。唐雎⑧谓信陵君曰："臣闻之曰，事有不可知者，有不可不知者；有不可忘者，有不可不忘者。"信陵君曰："何谓也？" 对曰："人之憎⑨我也，不可不知⑩也；我憎人也，不可得而知⑪也。人之有德⑫于我也，不可忘也；吾有德于人也，不可不忘也。 今君杀晋鄙，救邯郸，破秦人，存赵国，此大德也。今赵王自郊迎，卒然⑬见赵王，愿君之忘之也。"信陵君曰："无忌谨⑭受教⑮。"

运用排比的修辞手法，强化语气的同时更有说服力。

①　信陵君：魏氏名无忌，魏昭王之子。"战国四公子"之一。
②　晋鄙：人名，魏国的将领。
③　邯郸：地名。
④　破：打败。
⑤　存：使动用法，使……幸存。
⑥　赵王：指赵孝成王。
⑦　郊迎：郊外远迎。以示尊重。
⑧　唐雎（jū）：战国时魏国人，著名的策士。
⑨　憎：恨，讨厌。
⑩　不可不知：不可以不知道，以便防备。
⑪　不可得而知：不应该让对方知道。
⑫　德：恩惠。
⑬　卒然：急促、匆忙的样子。卒，通"猝"。
⑭　谨：郑重。
⑮　受教：接受教诲。

唐雎说信陵君

战国策

## 《见·其·译》

信陵君杀了将军晋鄙，领兵解了赵国都城邯郸之围，击败秦国的军队，保住了赵国。赵孝成王亲自到邯郸的郊外迎接信陵君。唐雎对信陵君说："我听过这样一段话：事情有不可以知道的，也有不可以不知道的；有不能忘记的，也有不能不忘记的。"信陵君说："这是什么意思？"唐雎回答说："有人憎恨、讨厌我这种事，我不能不知道；但我憎恨、讨厌别人的事，不可以被别人知道。别人对我有恩德，我不能忘掉；我对别人有恩德，我不能不忘掉。如今，您杀死晋鄙，解救邯郸，击败秦军，保住了赵国，这是对赵国大恩大德的事啊。现在赵王亲自到郊外迎接您，当您见到赵王的时候，我希望您能把这件事忘掉。"信陵君说："我由衷地接受您的教诲。"

切记低调谦虚啊。

晋（jìn）　鄙（bǐ）　邯（hán）　郸（dān）　雎（jū）

## 《 特 · 殊 · 句 》

◆ **判断句**

今君杀晋鄙，救邯郸，破秦人，存赵国，此大德也。

在句末用"也"字收尾，表示判断。

◆ **省略句**

今赵王自郊迎。（省略宾语）

原句应为"今赵王自郊迎（之）"，"之"指信陵君。

大王，我做什么事了，值得您这样？

信陵君

恩公，殿前台阶已扫好！我等一直在此恭候您的大驾。

赵王

唐雎说信陵君

战国策

57

# 唐雎不辱使命

《 知·历·史 》

　　秦国于公元前230年和公元前225年先后灭掉韩国和魏国，而附庸于魏国的小国安陵国却因为地势的关系幸免于难。但秦王嬴政不甘心，想用"易地"的名义霸占安陵国。安陵国君不敢惹怒强大的秦国，也不想轻易放弃自己的国家，于是派出策士唐雎前往秦国游说。本文记叙的就是唐雎来到秦国，在秦王面前不卑不亢，与其针锋相对，最终完成使命的故事。

‹　**秦安友好交流群**　　　　　　　　•••

**大秦最仁德（秦王嬴政）**
> @安陵君 本王想用五百里的土地，换你一个小小的安陵国，怎么样？你绝对不会吃亏的。

安陵君
> 大王，条件的确很诱人。可安陵国毕竟是祖上留下的，我有点为难……

**大秦最仁德（秦王嬴政）**
> 哼！不识抬举！

　　　　安陵君邀请硬骨头唐雎加入群聊

**大秦最仁德（秦王嬴政）**
> @硬骨头唐雎 你是何人？

硬骨头唐雎
> 我乃唐尧后裔。关于"易地"的事，我想和大王好好聊聊。

　　　硬骨头唐雎邀请大秦最仁德（秦王嬴政）私聊

秦王①使人谓安陵君曰："寡人欲以五百里之地易安陵，安陵君其②许③寡人！"安陵君曰："大王加惠④，以大易小，甚善。虽然，受地于先王，愿终守之，弗敢易。"秦王不说⑤。安陵君因使唐雎使于秦。

秦王谓唐雎曰："寡人以五百里之地易安陵，安陵君不听寡人，何也？且秦灭韩亡魏，而君以五十里之地存者，以君为长者，故不错意⑥也。今吾以十倍之地，请广于君，而君逆寡人者，轻寡人与？"唐雎对曰："否，

用对白的形式，交代事件的起因。这样重点更为突出，层次也更鲜明。

唐雎不辱使命

战国策

① 秦王：嬴政，后来统一天下建立秦朝。
② 其：句中表示希望的语气词。
③ 许：答应。
④ 加惠：给予恩惠。
⑤ 不说：不高兴。说，通"悦"。
⑥ 错意：在意，放在心上。错，通"措"。

非若是也。安陵君受地于先王而守之，虽千里不敢易也，岂直①五百里哉？"

秦王怫然怒，谓唐雎曰："公亦尝②闻天子之怒乎？"唐雎对曰："臣未尝闻也。"秦王曰："天子之怒，伏尸百万，流血千里。"唐雎曰："大王尝闻布衣③之怒乎？"秦王曰："布衣之怒，亦免冠徒跣，以头抢④地耳。"唐雎曰："此庸夫之怒也，非士之怒也。夫专诸之刺王僚也，彗星袭月。聂政之刺韩傀也，白虹贯日。要离之刺庆忌也，苍鹰击于殿上。此三子皆布衣之士也，怀怒未发，休祲⑤降于天，与臣而将四矣。若士必怒，伏尸二人，流血五步，天下缟素⑥，今日是也。"挺剑而起。

秦王色挠⑦，长跪而谢之曰："先生坐，何至于此！寡人谕⑧矣。夫韩、魏灭亡，而安陵以五十里之地存者，徒以有先生也！"

运用排比的修辞手法，给故事增添了紧张的氛围，更吸引读者。

结局反转，令人在捏把汗的同时，不禁拍手叫绝。秦王的一段话，让结局一目了然。

① 岂直：哪里只是。
② 尝：曾经。
③ 布衣：指平民。
④ 抢：撞。
⑤ 休祲（jìn）：征兆。休，吉兆。祲，凶兆。
⑥ 缟（gǎo）素：白色的丝织品，这里指身穿孝服。
⑦ 色挠：因受挫折而神色沮丧。挠，屈。
⑧ 谕：明白，懂得。

秦王嬴政派人去对安陵君说："我想用方圆五百里的土地跟你交换安陵国，安陵君一定要答应我这个要求啊！"安陵君说："大王给予我恩惠，用大的土地交换小的地方，真是太好了。虽然是好事，但是我从先王那里继承了这块封地，想要始终守护着它，实在不敢交换啊！"秦王非常不高兴。于是，安陵君派唐雎出使秦国。

秦王见到唐雎，对他说："我用方圆五百里的土地交换安陵，安陵君却不听我的话，这是为什么呢？秦国已经灭了韩国、魏国，安陵君却凭借方圆五十里的土地幸存下来，那是因为我把安陵君看成长者，才没有打他的主意。现在我用比安陵大十倍的土地交换，想让安陵君扩大领土，但是他却违背我的意愿，是不把我放在眼里吗？"唐雎回答说："不，当然不是这样。安陵君从先王那里继承了封地并且要保护它，就算是方圆千里的土地也不敢交换，更何况只是五百里呢？"

秦王勃然大怒，对唐雎说："先生曾经听说过天子发怒的情形吗？"唐雎回答说："我没听说过。"秦王说："天子发怒，倒下的尸体能有百万具，血能流千里远。"唐雎说："大王可曾听说过平民发怒的情形吗？"秦王说："平民发怒，也不过是甩掉帽子光着脚，用头撞地而已。"唐雎说："这是平庸无能的人发怒，不是有才能、有胆识的士人发怒。从前专诸刺杀吴王僚的时候，彗星的尾巴扫过月亮。聂政刺杀韩傀的时候，一道白光直冲太阳。要离刺杀庆忌的时候，苍鹰扑到宫殿上。这三个人都是出身平民的有胆识的人，他们心里的愤怒还没爆发，上天就降下了征兆。现在他们连同我，将有四个人了。如果有才能、胆识的人一定要发怒的话，那么就让两具尸体倒下，血流五步远，天下百姓都会因此身穿孝服，现在就是这个时候了。"说罢，唐雎拔出宝剑，挺身而起，想要与秦王同归于尽。

秦王见状，露出了胆怯的神色，连忙跪直身体向唐雎道歉说："先生请坐！怎么会闹到这种地步呢！我现在明白了，韩国、魏国灭亡了，但安陵却凭借五十里的土地生存下来，只是因为有了先生您啊！"

有话好说！

佛（fú）　　跣（xiǎn）　　僚（liáo）　　彗（huì）

袭（xí）　　　裈（jìn）　　　缟（gǎo）　　挠（náo）

## 《 特·殊·句 》

◆ **倒装句**

受地于先王。（状语后置）

原句语序应是"于先王受地"。

◆ **判断句**

此三子皆布衣之士也。

"也"表示肯定判断。

## 《 词·类·活·用 》

请广于君（广：扩充，扩大。形容词作动词。）

虽千里不敢易也（千里：千里土地。数词作名词。）

天下缟素（缟素：穿丧服。名词作动词。）

与臣而将四矣（四：成为四人。数词作动词。）

◆ **知识点**

　　本文提到的安陵国，位于现今河南省鄢陵县西北一带，为战国时期国土面积很小的一个国家。当时，安陵国与宁陵国、信陵国一样，都是魏国的附属国。魏襄王曾封其弟为安陵君，本文中的安陵君为其后裔。唐雎此行虽然不辱使命，但依旧没有改变安陵国走向灭亡的命运。

唐雎不辱使命

战国策

# 李斯

李斯（？—前208）楚上蔡（今河南上蔡西南）人，秦朝政治家。他原本只是楚国上蔡的一个小吏，后来拜荀况为师，研习了许多治国之道。学成之后，他审时度势，决定去秦国建功立业。李斯到秦国后，先是得到当时的丞相吕不韦的器重，后来又有幸辅佐秦王嬴政，并帮助他成就一统天下的霸业。秦统一后，任丞相，在加强中央集权和文字统一等方面都做出了贡献。所以有人说李斯是秦朝最有作为的丞相之一。在嬴政去世后，李斯却伙同赵高篡改遗诏，立秦二世胡亥为帝，最后被赵高陷害，被腰斩于咸阳。

## 李斯关键词

◆ 秦朝丞相。

◆ 荀况的学生。

◆ 秦朝政治家、书法家、文学家。

◆ 钱币"秦半两"上"半两"二字的书写者。

看我的仕途如何一路开挂。

秦始皇

助我统一天下的大功臣。

　　李斯帮助秦王嬴政一统天下，建立了我国历史上第一个封建制王朝。嬴政自立为始皇帝，史称秦始皇。众所周知，秦始皇上位后，进行了一系列的改革，其中非常重要的一项改革就是统一文字，而推动这项工程进度的最大功臣当属李斯。他不仅把"小篆"推广到全国，还亲自书写了《仓颉篇》作为全国流传的文字学习拓本。此外，他还用这种字体，帮助秦始皇撰写了许多石刻（将秦始皇在位时建立的丰功伟绩刻在石碑上，以待后世人探究）。相传，由他亲自"操刀"的最早碑文，是公元前219年秦始皇东巡时所刻的《峄山碑》。这不仅是一个重要的史料记载，也是我国书法发展史上的宝贵资料。泰山、琅邪等处刻石，传说均为其所书。

　　不久之后，李斯又采用了另一位官员程邈所创的新字体，也就是隶书。从此以后，直到魏晋时期楷书盛行以前，隶书都作为一种官方字体被广泛应用。现在，我国书法界有行、草、隶、篆四大书体，其中的半壁江山，都得益于李斯。

丞相，把朕的丰功伟绩一字不漏地刻上。

我办事，您就放心吧，皇上！

李斯

# 谏逐客书

《 知 · 历 · 史 》

　　战国末年，秦国不断发展壮大，其他诸侯国对此越来越忌惮。最先"出手"的是韩国。据《史记·李斯列传》记载，韩国为了消耗秦国的国力，使秦国无暇发动战事，派了一个名为郑国的水利专家到秦国，说服秦王修建水渠。这就是所谓的"疲秦计划"。秦国那些因为客卿入秦而影响到权势的贵族知晓缘由后，纷纷上书，让秦王把国内的客卿驱逐出境，于是，秦王下令驱逐所有客卿，李斯也在被逐之列。李斯不甘心就此失败，便写了这篇文章，劝说秦王不要驱逐客卿。

**李斯爱文学分享了一个链接**
我是一块砖，哪里需要哪里搬。请相信，我能为秦国的繁盛、壮大添砖加瓦。@ 秦王嬴政

**每一个客卿的存在，都有特殊的意义**

1 小时前

♡ 荀子、吕不韦

✉ 荀子：不愧是我的徒儿，说得有理有据。

吕不韦：分析得太对了！我支持你。

李斯回复吕不韦：感谢您，我的伯乐。

秦王嬴政：真是个不错的人才，本王以前怎么就没发现呢？

秦国大臣甲：大王，客卿的话不可信！不要上当呀！

秦宗室大臣皆言秦王曰："诸侯人来事秦者，大抵为其主游间于秦耳，请一切逐客。"李斯议亦在逐中。

斯乃上书曰："臣闻吏议逐客①，窃以为过矣。

"昔穆公求士，西取由余于戎，东得百里奚于宛，迎蹇叔于宋，求丕豹、公孙支于晋。此五子者，不产②于秦，而穆公用之，并国二十，遂霸西戎。孝公用商鞅之法，移风易俗，民以殷盛，国以富强，百姓乐用，诸侯亲服，获楚、魏之师，举③地千里，至今治强。惠王用张仪之计，拔④三川之地，西并巴、蜀，北收上郡，南取汉中，包九夷，制鄢、郢，东据成皋之险，割膏腴之壤，遂散六国之从⑤，使之西面事秦，功施到今。昭王得范雎，废穰侯，逐华阳，强公室，杜私门⑥，蚕食诸侯，使秦成帝业。此四君者，皆以客之功。由此观之，客何负于秦哉！向使四君却客而不内，疏士而不用，是使国无富利之实，而秦无强大之名也。

运用排比句式，增强语气。

此处多用四字对偶的句式，目的是突出重点，增强自己论点的说服力。

---

① 逐客：驱逐客卿。
② 产：生，出生。
③ 举：攻取，占领。
④ 拔：夺取。
⑤ 从：通"纵"，合纵联盟。
⑥ 私门：豪门贵族。

谏逐客书

李斯

"今陛下致①昆山之玉，有随、和之宝，垂明月之珠，服太阿之剑，乘纤离之马，建翠凤之旗，树灵鼍之鼓。此数宝者，秦不生一焉，而陛下说②之，何也？必秦国之所生然后可，则是夜光之璧不饰③朝廷，犀象之器不为玩好，郑、卫之女不充后宫，而骏良駃騠不实外厩，江南金锡不为用，西蜀丹青不为采。所以饰后宫、充下陈、娱心意、说耳目者，必出于秦然后可，则是宛珠之簪、傅玑之珥、阿缟之衣、锦绣之饰，不进于前，而随俗雅化、佳冶窈窕赵女不立于侧也。夫

文章中多次运用排比和对偶的修辞手法，使句子朗朗上口的同时也达到了强化语气的作用。

此处，言语协调，辞藻华丽，极富文采，充分体现了李斯文采斐然的才华。

天下宝物皆属于寡人！

① 致：收罗，得到。
② 说：通"悦"，喜欢。
③ 饰：修饰，装饰。

击瓮叩缶，弹筝搏髀①，而歌呼呜呜、快耳目者，真秦之声也；郑、卫桑间，《韶虞》《武象》者，异国之乐也。今弃击瓮叩缶而就郑、卫，退弹筝而取《韶虞》，若是者何也？快意当前，适观而已矣。今取人则不然。不问可否，不论曲直，非秦者去，为客者逐。然则是所重者在乎色乐珠玉，而所轻者在乎人民也。此非所以跨海内、制诸侯之术也。

　　"臣闻地广者粟多，国大者人众，兵强则士勇。是以泰山不让土壤，故能成其大；河海不择细流，故能就其深；王者不却众庶，故能明其德。是以地无四方，民无异国，四时充美，鬼神降福，此五帝、三王之所以无敌也。今乃弃黔首②以资敌国，却宾客以业诸侯，使天下之士退而不敢西向，裹足不入秦，此所谓'藉寇兵而赍盗粮'者也。

　　"夫物不产于秦，可宝者多；士不产于秦，而愿忠者众。今逐客以资敌国，损民以益仇③，内自虚而外树怨于诸侯，求国之无危，不可得也。"

　　秦王乃除逐客之令，复李斯官。

运用类比的表现手法，强化自己的论点，直击人心。

运用比喻的修辞手法，增强议论的形象性与说服力。

谏逐客书

李斯

---

① 搏髀（bì）：拍着大腿打拍子。
② 黔（qián）首：泛指百姓。
③ 益仇：帮助仇人。

## 《见·其·译》

秦国的宗室大臣都对秦王说："从各诸侯国来事奉秦国的人，大都是为他们的君主游说和离间秦国，请把外来人员全部驱逐出境。"李斯也在计划被驱逐人之中。

李斯于是上书秦王说："我听说官吏在商议驱逐客卿这件事，私下里觉得这样做是不对的。

"从前秦穆公寻求贤士，从西戎得到了由余，从东边的宛地得到百里奚，从宋国迎来蹇叔，从晋国找来丕豹、公孙支。这五位贤人，都不是秦国人，但穆公重用他们后，相继吞并了二十多个小国，称霸西戎。秦孝公采用商鞅的新法，移风易俗，百姓的生活变得殷实，国家因此富强，百姓乐意为国出力，诸侯亲附归服，秦国战胜楚、魏军队，扩展上千里的土地，直到现在国家安定强盛。秦惠王采纳张仪的计策，成功夺取三川地区，向西吞并巴、蜀两国，向北收取上郡，向南得到了汉中，拿下九夷各部，控制了鄢、郢之地，向东占据成皋的天险，获得肥沃的土地，拆散了六国的合纵联盟，使他们全都来归顺秦国，功绩延续

到今天。昭王得到名士范雎的帮助，废黜穰侯，驱逐华阳君，加强朝廷的权力，削弱豪门贵族的专权，一点点地得到诸侯的土地，从而使秦国成就帝王大业。这四位君主，都依靠了外来人的功劳。由此看来，客卿有什么对不起秦国的地方呢！倘若这四位君主拒绝这些客卿不接纳他们，疏远贤士而不加以重用，那么秦国不会有富裕的局面，也不会有这么响亮的威名。

"现在，陛下收罗昆山的美玉，得到了随侯珠、和氏璧之类的珍宝，衣饰上缀着光如明月的宝珠，身上佩戴太阿宝剑，乘坐的是名贵的千里马，身后竖立的是以翠凤羽毛为装饰的旗子，摆放着用灵鼍皮制作的好鼓。这些宝贵之物，没有一件是秦国产的，但陛下却很喜欢它们，这是为什么呢？如果一定是秦国产的才可以用，那么这种夜光的宝玉绝不会成为朝廷的装饰，犀角、象牙雕成的器物不会成为陛下把玩的物件，郑、卫两国的女子也不会充满您的后宫，北方的名骥良马绝不会养在您的马房，江南的金锡不会被陛下使用，西蜀的丹青也不会作

为彩饰。您所用来装饰后宫的珍宝、充实堂下的姬妾、娱乐心意的器物、愉悦耳目的音乐绘画等，如果一定要是秦国土生土长才能使用的话，那么镶嵌着宛珠的簪子、缀着小珠的耳环、丝织的衣服、锦绣的装饰就都不会进献到陛下面前，那些打扮美丽、身材窈窕的赵国姑娘也不会站在陛下身旁。那敲击瓦器、拍腿弹筝，呜呜呀呀地歌唱，能愉人耳目的，是真正的秦国音乐；而郑、卫一带的歌声，《韶虞》《武象》等乐曲，是他国的音乐。如今陛下却抛弃敲击瓦器的秦乐，而选用郑、卫的悦耳之音，不听秦国的木筝而选择《韶虞》，这是为什么呢？不过是因为它们使人畅快，适合观赏罢了。但现在陛下选择人才却不这样，不管能不能用，不论是对是错，只要不是秦国的都要摒弃，所有的客卿都得驱逐，这不是看重女色、音乐、珠宝玉器，而轻视百姓吗？这不是统一天下、制服诸侯的良策啊！

"我听说田地广阔出产的粮食就多，国家强大人口就多，武器精良将士就勇敢。因此，泰山不拒土壤，所以能如此高大；江河湖海不舍弃细流，所以能如此深广；要成为帝王的人不拒绝百姓民众，所以能彰显德行。因此，土地不分东西南北，百姓不论异国他邦，那样一年四季都充实美好，天地鬼神都降赐福运，这就是五帝、三王无可匹敌的原因。现在，抛弃百姓让他们去资助敌国，拒绝宾客让他们去成就其他诸侯，让天下的贤士都退却而不敢来西方，不让他们的脚踏上秦国的领土，这就叫'把武器借给敌寇，将粮食送给盗贼'啊。

"物品中不是秦国出产的，却有很多宝贝；贤士不出生于秦，却有很多愿意效忠秦国的。如今驱逐客卿来资助敌国，减损百姓来强大敌人，使自己内部虚空，外部与诸侯结怨，这样还想让自己的国家免于危难，是不可能的啊。"

秦王于是废除了逐客令，恢复了李斯的官职。

宛（yuān） 蹇（jiǎn） 丕（pī） 豹（bào） 鞅（yāng）

殷（yīn） 鄢（yān） 郢（yǐng） 皋（gāo） 壤（rǎng）

駃（jué） 騠（tí） 簪（zān） 玑（jī） 珥（ěr）

窈（yǎo） 窕（tiǎo） 瓮（wèng） 叩（kòu） 缶（fǒu）

髀（bì） 韶（sháo） 虞（yú） 黔（qián） 寇（kòu）

《 特 · 殊 · 句 》

◆ **倒装句**

西取由余于戎，东得百里奚于宛，迎蹇叔于宋，求丕豹、公孙支于晋。（状语后置）

原句语序应是"西于戎取由余，东于宛得百里奚，于宋迎蹇叔，于晋求丕豹、公孙支"。

◆ **省略句**

民以殷盛，国以富强。（省略宾语）

原句应是"民以（之）殷盛，国以（之）富强"。

◆ **被动句**

江南金锡不为用，西蜀丹青不为采。

"为"表示被动。

《 词 · 类 · 活 · 用 》

西取由余于戎（西：在西边，向西。方位名词作状语。）

使之西面事秦（事：侍奉。名词作动词。）

娱心意（娱：使……娱。使动用法。）

谏逐客书

李斯

# 屈原

　　屈原（约前340—约前278），战国时楚国丹阳（今湖北宜昌）人，诗人、政治家，芈姓，屈氏，名平，字原。他出身楚国贵族，少年时受过良好教育，早年辅佐楚怀王，任左徒、三闾大夫，主张对内举贤任能、彰明法度，对外力主联齐抗秦。后遭贵族子兰、靳尚等人排挤毁谤去职，顷襄王时被放逐，长期流浪沅湘流域。他眼见楚国政治越来越腐败，国都也被秦国攻占，既无力挽救楚国的危亡，又深感政治理想无法实现，于是投汨罗江而死。屈原是伟大的爱国诗人和中国浪漫主义文学的奠基人，他在楚国地方文艺的基础上，创造出"骚体"这一新形式，以华美的语言、丰富的想象，融合神话传说，抒发热烈的感情，塑造出鲜明的形象。其传世作品，多保存在刘向辑集的《楚辞》中。

### 屈原关键词

◆ 楚武王儿子的后裔。

◆ 楚辞体的创立者和代表作家。

◆ 爱国诗人，被誉为"中华诗祖""辞赋之祖"。

◆ 浪漫主义文学奠基人，开辟了"香草美人"的传统。

◆ 其作品《离骚》与《诗经》中的《国风》并称"风骚"。

国在我在，国亡我亡。

**刘勰**

衣被词人，非一代也。

**苏轼**

吾文终其身企慕而不能及万一者，惟屈子一人耳。

◆ 求索精神：路漫漫其修远兮，吾将上下而求索。

◆ 言秋之祖：袅袅兮秋风，洞庭波兮木叶下。

◆ 歌颂伟大：与天地兮同寿，与日月兮齐光。

◆ 哀叹民生：长太息以掩涕兮，哀民生之多艰。

## 纪念屈原的节日

屈原从小就勤奋好学，志向远大，初入仕途时，他很受楚怀王的信任。但无奈官场阴险小人实在太多，屈原的主张严重威胁到了他们的利益，加上屈原性格刚直不阿，得罪了不少人。所以屈原屡遭排挤陷害，被一而再、再而三地流放，但他仍对国家心心念念。遗憾的是，楚国的君主一代不如一代，楚国最终被强秦所灭。

公元前278年五月初五，屈原在国都被秦将白起攻破后，怀着绝望的心情，自投汨罗江。五月初五的端午节早在上古时代就是一个祭祀龙祖的节日，而屈原投江恰巧也在这一天，后来百姓就将这个节日定为纪念屈原的日子。

举世混浊而我独清

众人皆醉而我独醒

屈原

75

# 卜居

《知·历·史》

　　屈原一直主张"美政"，认为朝廷应该选贤任能，修明法度。他曾极力劝谏楚国的君主联合齐国一起对抗秦国，却被小人构陷，多次被流放。本篇所记之事，大抵发生在楚襄王三年。由于小人进谗言，屈原再次被迁逐江南。远迁沅湘前，屈原问卜詹尹。"卜居"即卜问立身之道。本篇在"宁……将……"的两疑中，抒写对小人得志、忠贞被害的愤懑，同时表达了在世道混浊、是非颠倒时，对人生正道孤傲又坚定的选择。

头版头条 爱看不看

## 震惊！曾经的三闾大夫又被流放了！

路人甲日报

曾经的三闾大夫屈原继流放汉北、江南之后，于近日再次被流放到南方荒僻之地。据统计，屈原每次被流放，都有佳作问世，那么这位博学多才的大诗人在此次流放过程中，又会创作出哪些引人深思的作品呢？让我们拭目以待……

### 读者留言

楚国贵族：谁让他总是和我们唱对台戏！活该！

屈原：忠君爱国也有错？楚国要亡呀！

宋玉回复屈原：希望您调整心态，多创作好作品，浪漫主义文学雄起！

屈原既放①，三年不得复见②。竭智尽忠，而蔽障③于谗，心烦虑乱，不知所从。乃往见太卜④郑詹尹曰："余有所疑，愿因⑤先生决之。"詹尹乃端策⑥拂龟⑦曰："君将何以教之？"

屈原曰："吾宁悃悃款款⑧，朴以忠乎，将送往劳来⑨，斯无穷乎？宁诛锄草茅以力耕乎，将游大人⑩以成名乎？宁正言不讳以危身乎，将从俗富贵以偷生乎？宁超然高举⑪以保真乎，将哫訾栗斯⑫、喔咿嚅唲⑬以事妇人乎？宁廉洁正直以自清乎，将突梯滑稽⑭、如脂如韦以洁楹乎？宁昂昂⑮若千里之驹乎，将泛泛⑯若水中之凫乎，与波上下，

① 放：流放，放逐。
② 复见：不能再见面。
③ 蔽障：遮蔽，阻挠。
④ 太卜：官名。卜筮官之长。
⑤ 因：凭借。
⑥ 端策：数计蓍（shī）草。
⑦ 拂龟：掸去龟身上的灰尘。
⑧ 悃悃（kǔn）款款：诚实忠信的样子。
⑨ 送往劳来：随处周旋，巧于应酬。
⑩ 大人：位高权重的人。
⑪ 高举：远走高飞。
⑫ 哫（zú）訾（zǐ）栗斯：以言献媚、阿谀奉承的样子。
⑬ 喔咿嚅（rú）唲（ér）：强颜欢笑的样子。
⑭ 突梯滑稽：为人圆滑，善于迎合别人。
⑮ 昂昂：昂首挺胸。
⑯ 泛泛：漂浮不定。

句式整齐，不板不散，循环往复却不啰唆累赘，颇具文采。

卜居

屈原

**77**

偷以全吾躯乎？宁与骐骥亢轭<sup>①</sup>乎，将随驽马<sup>②</sup>之迹乎？宁与黄鹄比翼乎，将与鸡鹜争食乎？此孰吉孰凶，何去何从？世溷浊<sup>③</sup>而不清，蝉翼为重，千钧为轻；黄钟毁弃，瓦釜<sup>④</sup>雷鸣；谗人高张，贤士无名。吁嗟默默兮，谁知吾之廉贞？"

詹尹乃释策而谢曰："夫尺有所短，寸有所长。物有所不足，智有所不明，数<sup>⑤</sup>有所不逮<sup>⑥</sup>，神有所不通。用君之心，行君之意。龟策诚不能知此事！"

运用譬喻，对比强烈，充分体现出其哀愤的情绪。

我该咋办呢？

---

① 亢轭：并驾而行。亢，通"伉"。
② 驽马：劣质的马。
③ 溷（hùn）浊：肮脏混浊。
④ 瓦釜：陶土制的器具。这里指粗俗的音乐。
⑤ 数：占卜的卦数。
⑥ 逮：及，到。

屈原已经被流放，三年没能再见到楚怀王。他竭尽自己的智慧效忠国家，却遭受谗言，被楚怀王疏远隔绝。他心烦意乱，不知道该怎么办，于是去拜见太卜郑詹尹。屈原说："我对一些事有些疑惑，想靠先生的占卜来决断。"郑詹尹于是摆正蓍草，拂去龟甲上的灰尘，说道："您要占卜什么呢？"

屈原说："我是应该诚恳朴实保持忠心，还是迎来送往、多加应酬来摆脱困境呢？是应该开荒锄草在田间耕作，还是在达官显贵间周旋获得名利呢？是应该毫无避讳地直抒自己的观点给自己招来杀身之祸，还是顺从世俗、贪图富贵、苟且偷生呢？是应该超脱自然、远走高飞来保持自己的本性，还是阿谀奉承、唯唯诺诺去侍奉楚怀王的宠姬呢？是应该廉洁正直，洁身自好，还是毫无骨气圆滑处世呢？是应该像日行千里的骏马那样奔驰，还是像浮游水面的野鸭那样随波逐流、苟全性命呢？是应该与良马并驾而行，还是追随劣马的足迹呢？是应该与天鹅比翼齐飞，还是与鸡鸭一起抢夺食物呢？这些到底哪个吉利哪个凶险，我又应该怎么办呢？这个世道浑浊不清明，把薄薄的蝉翼说得很重，把千钧的重物看得很轻；把黄铜制成的编钟给抛弃，却把劣质的瓦器敲得很大声；谗佞的小人高高在上，贤良的士人却默默无闻。我有什么可说的呢？又有谁知道我的廉洁忠贞呢？"

詹尹放下蓍草道歉说："尺有它的短处，寸有它的长处；事物有它的缺点，智者也有弄不明白的事；卦数也有算不到的事，神灵也有难以通达之处。按照您心中所想，实现自己的主张吧。占卜实在不能预知这些事情。

卜居

屈原

79

## 《疑·难·字》

詹（zhān） 悃（kǔn） 呢（zú） 訾（zǐ） 喔（wō）

咿（yī） 嚅（rú） 廉（lián） 楹（yíng） 驹（jū）

凫（fú） 骐（qí） 骥（jì） 轭（è） 驽（nú）

鹄（hú） 翼（yì） 鹜（wù） 溷（hùn） 吁（xū）

## 《特·殊·句》

◆ 省略句

屈原既放，三年不得复见。（省略宾语）

原句应为"屈原既放，三年不得复见（楚王）"。

◆ 被动句

竭智尽忠，而蔽障于谗。

原句应译为"他竭尽自己的智慧效忠国家，可君主却被谗言所障蔽"。

◆ 名句积累

尺有所短，寸有所长：比喻人或
事物各有其长处和短处。

◆ 知识点

　　《楚辞》是《诗经》之后
的又一部诗歌总集，所选录的
多为南方诗歌，包含屈原、宋
玉、贾谊、东方朔等人的作品，
其中《离骚》《九歌》《天问》
《九章》《远游》《卜居》《渔
父》均为屈原所作。

《卜居》是一种介于
散文和诗歌之间的
新体裁，值得大家深
入研究……

屈原

# 宋玉

宋玉，生活在战国时代，生卒年均不详，他的生平事迹，历史记载很少。司马迁在《史记》中说，他是屈原之后在楚国享有盛誉的辞赋家。东汉王逸说他是屈原的弟子，未知所据。宋玉曾事楚顷襄王，为小臣，地位低，不得志。宋玉的作品最有名的是《九辩》，其他或亡佚，或有争议。宋玉在《九辩》中的悲秋感人千古，"宋玉悲秋"流传至今。宋玉在承继和模仿屈原作品的基础上又有所创新，他在"骚"体的基础上，又创造了"赋"体文学，对汉赋以来的"赋"体文学起了积极的推动作用。宋玉还开创了问答的写作形式和写诗并序的先河。

## 宋玉关键词

◆ 出身寒微。
◆ 仕途坎坷。
◆ 与屈原并称"屈宋"。
◆ 浪漫主义楚辞大家。

是美男，更是才子。

李白
屈宋长逝，无堪与言。

宋玉

◆ 神女貌美：眉联娟以蛾扬兮，朱唇的其若丹。

◆ 感怀悲秋：悲哉，秋之为气也！萧瑟兮，草木摇落而变衰。

◆ 转瞬即逝：风起雨止，千里而逝。

## "登徒子"的由来

　　现在我们常把好色之徒叫作登徒子。这个词出自宋玉的《登徒子好色赋》。当时，一个名叫登徒子的人向楚王进谗言，说宋玉是好色之徒。楚王因此责问宋玉。宋玉不承认，还告了登徒子一状："好色之徒不是别人，正是诬陷我是好色之徒的登徒子。"为了证明自己的结论是对的，宋玉专门写了一篇《登徒子好色赋》，呈给楚王。文中宋玉说，邻居美人爱慕自己三年，但自己却不为所动。登徒子的妻子极丑，登徒子却与她生了 5 个孩子。他因此反问楚王："您说谁更好色呢？"

# 宋玉对楚王问

　　宋玉出身不好，仕途也颇为坎坷。因为搞不好"裙带关系"，总有人在背后说他的坏话。除了同僚时不时到君主面前"打小报告"，就连民间也常有人讲他的不是，以至于这种话都传到了楚襄王的耳朵里。本文就是楚王与宋玉关于此事进行的深入对话。

## 〈 君是君来臣是臣　　　　　　　　　　　···

**楚国官员甲**

> @时刻准备着振兴楚国（楚襄王）大王，宋玉这个人品行不端，您要擦亮眼睛呀。

**楚国官员乙**

> @时刻准备着振兴楚国（楚襄王）您都不知道百姓怎么说宋玉的，啧啧——我都不好意思开口。

时刻准备着振兴楚国（楚襄王）邀请出身寒微怎么了（宋玉）加入群聊

**群主　时刻准备着振兴楚国（楚襄王）**

> @出身寒微怎么了（宋玉）宋卿，你是不是做了什么？怎么大家都对你有意见？辞赋写得好，做人也不能太差啊。

**出身寒微怎么了（宋玉）**

> 大王，您知道"曲高和寡"吗？小鸟怎么能和凤凰一争高下？我身正不怕影子斜。他们爱说什么就说什么好了。

宋玉对楚王问

宋玉

83

## 《品·原·文》

楚襄王①问于宋玉曰："先生其有遗行②与？何士民众庶不誉③之甚也？"

宋玉对曰："唯，然，有之。愿大王宽其罪，使得毕其辞。

"客有歌于郢中者，其始曰《下里》《巴人》，国中属而和者数千人；其为《阳阿》《薤露》，国中属而和者数百人；其为《阳春》《白雪》，国中属而和者不过数十人；引商刻羽，杂以流徵，国中属而和者不过数人而已。是其曲弥高，其和弥寡。

"故鸟有凤而鱼有鲲。凤凰上击九千里，绝④云霓，负苍天，足乱浮云，翱翔乎杳冥之上，夫藩篱之鷃⑤，岂能与之料天地之高哉！鲲鱼朝发昆仑之墟，暴鬐于碣石，暮宿于孟诸，夫尺泽之鲵⑥，岂能与之量江海之大哉！

"故非独鸟有凤而鱼有鲲也，士亦有之。夫圣人瑰意琦行⑦，超然独处，世俗之民，又安知臣之所为哉！"

这段文字以讲故事的形式驳斥流言，通俗易懂，读起来也朗朗上口。

用大段的文字描述鸟中的凤、鱼中的鲲，再与小鸟、小鱼做鲜明的对比，充分显示自己的"卓尔不群"和"超凡脱俗"，有力回击了各种流言蜚语。

点明自己孤傲清高，言谈举止不被"俗人"理解，不足为怪，巧妙为自己进行了辩护。

① 楚襄王：楚怀王的儿子。
② 遗行：不检点的行为。
③ 不誉：说坏话。
④ 绝：超越。
⑤ 鷃（yàn）：一种小鸟。
⑥ 鲵（ní）：一种小鱼。
⑦ 瑰意琦行：卓越的思想和美好的操行。

　　楚襄王问宋玉说："先生有什么不检点的行为吗？为什么士人百姓那么多人都在说你的坏话，还说得那么厉害呢？"

　　宋玉回答说："嗯，是的，确实有这种情况。请大王宽恕我的罪过，让我把话说完。

　　"有个人在郢都唱歌，他开始唱的是《下里》《巴人》这种通俗的歌，城中跟着他一起唱的有几千人；后来唱不那么通俗的《阳阿》《薤露》，城中跟着他一起唱的有几百人；等到开始唱高雅的《阳春》《白雪》时，城中跟着他一起唱的不过几十人；当他高唱商音，低吟羽音，再夹杂流动的徵音，这种难度高超的歌曲，城中能跟着他唱的只有几人而已。可见，乐曲越是高雅美妙，能够应和跟唱的人就越少。

　　"因此，鸟类中有凤凰，鱼类中有硕大的鲲鱼。凤凰拍打着翅膀能飞千里高，穿越云雾，背负青天，脚踏浮云，翱翔在高远的天空中。而那些跳跃在篱笆上的小鸟，怎么能和它一起了解天地的高远呢！鲲鱼早晨从昆仑山脚出发，中午在碣石山上晒太阳，晚上在孟诸的大泽里休息。那些生活在小池子里的小鱼，怎能和它一样测量江海有多广阔呢！

　　"不只鸟中有凤凰，鱼中有鲲鱼，士人之中也有杰出的圣人。圣人有卓越的思想和美好的操行，超尘脱俗，卓尔不群，那些凡夫俗子又怎能了解我的所作所为呢！"

宋玉对楚王问

宋玉

## 《疑·难·字》

薤（xiè）　露（lù）　徵（zhǐ）　弥（mí）　鲲（kūn）

霓（ní）　翱（áo）　翔（xiáng）　藩（fān）　篱（lí）

鷃（yàn）　墟（xū）　碣（jié）　鲵（ní）　瑰（guī）

## 《特·殊·句》

◆ **倒装句**

暴鬐于碣石，暮宿于孟诸。（状语后置）

原句语序应为：于碣石暴鬐，暮于孟诸宿。

◆ **判断句**

是其曲弥高，其和弥寡。

"是"表判断。

◆ **成语积累：**

**下里巴人：**原指楚国的民间歌曲，后来泛指通俗的、普及的文学艺术。

**阳春白雪：**原指楚国的一种高雅的歌曲，后来泛指高深的、不通俗的文学艺术。

**曲高和寡：**曲调高深，能跟着唱的人很少。旧时指知音难得。现比喻言论或艺术作品不通俗，能理解或欣赏的人很少。

**瑰意琦行：**卓越的思想，不平凡的行为。

**超然独处：**超出世事，离群独居。

**藩篱之鷃、尺泽之鲵：**比喻见识短浅的人。

◆ **知识点**

　　宋玉在阐述自己的观点时，提到了古歌《薤露》。相传，这是出殡时挽柩人所吟唱的挽歌。薤露指的是薤叶上的露水，转瞬即干，意在形容人生命短暂。

汉时古韵

# 史 记

《史记》是中国第一部纪传体通史，记载了我国自上古黄帝到汉武帝三千多年的历史，西汉司马迁著。司马迁自幼饱读诗书，在父亲司马谈去世三年后被任命为太史令。自此，他开始了《史记》的编写。起初，这部著作被称为《太史公书》《太史公记》，后来省称《史记》。

## 司马迁关键词

◆ 早年受学于孔安国、董仲舒。

◆ 受父遗命。

◆ 遭受宫刑。

◆ 究天人之际，通古今之变，成一家之言。

◆ 纪传体编史法，创造中国史书之典范。

忍辱负重才能一鸣惊人。

鲁迅

史家之绝唱，无韵之《离骚》。

# 五帝本纪赞

　　《史记》中的第一篇文章就是《五帝本纪》，而这篇《五帝本纪赞》，是写于《五帝本纪》末尾的一段赞语，也就是我们现在所说的评论。这篇"赞"以太史公的口吻，叙述了写作《五帝本纪》的史料来源以及他自己的独特见解。"赞"是司马迁首创的一种史料书写形式，并且一直被后世史学家沿用。

话题：《五帝本纪赞》有何独到之处？　　　　只看楼主　收藏　回复

---

匿名

这是一篇说明性的短文，主要讲《五帝本纪》的史料来源以及一些太史公自己的见解。

---

匿名

默默问一句，太史公是个什么官？

---

匿名

我来回答楼上的问题，这是汉武帝时期设置的一个官职，专门负责记录古代官方史料。

---

匿名

我听很多人说，这种评论式的"赞"，乃太史公司马迁首创！！！

---

清 · 吴楚材

此篇文势"九转"，颇具文简意深之美。

---

清 · 吴调侯

同意楼上的观点。

---

五帝本纪赞

史记

## 《品·原·文》

太史公曰：学者多称①五帝，尚②矣。然③《尚书》独载尧以来，而百家④言黄帝，其文不雅驯⑤，荐绅⑥先生难言之。孔子所传《宰予问五帝德》及《帝系姓》，儒者或不传。余尝西至空峒⑦，北过涿鹿，东渐于海，南浮江淮矣，至长老皆各往往称黄帝、尧、舜之处，风教固殊焉，总之，不离古文者近是。予观《春秋》《国语》，其发明《五帝德》《帝系姓》章矣，顾弟⑧弗深考，其所表见⑨皆不虚。《书》缺有间⑩矣，其轶⑪乃时时见于他说。非好学深思，心知其意，固难为浅见寡闻道也。余并论次，择其言尤雅者，故著为本纪书首。

寥寥数语，介绍了作者所做的两方面工作：一是为了严谨进行实地考察；二是对复杂烦冗的史料进行梳理。

① 称：称说。
② 尚：久远。
③ 然：可是。
④ 百家：先秦诸子。
⑤ 雅驯：正确可信。雅，正确。驯，通"训"。
⑥ 荐绅：缙绅。有官职或做过官的人。
⑦ 空峒（tóng）：山名，指崆峒山，在今天的甘肃平凉。
⑧ 弟：通"第"，仅，只是。
⑨ 表见：记载。见，通"现"。
⑩ 《书》缺有间：《尚书》中记载有缺失。
⑪ 轶：通"佚"，散失。

## 《见·其·译》

太史公司马迁说：读书人多称说五帝，但都太久远了。可是《尚书》只记载了尧以来的历史，诸子百家记载的关于黄帝的说法也都不太规范，士大夫很难谈论这些，因为它们没有根据。孔子所写的《宰予问五帝德》及《帝系姓》，有的儒者并不传授学习。我曾经向西去过崆峒山，北方到过涿鹿，东边到了海边，南面到了江淮，我所游历的地方，当地的老者常常指着黄帝、尧、舜活动过的地方讲述他们的事情。各地风俗教化本不相同，但总的来说，与古文文献所载相合的比较接近事实。我读《春秋》《国语》，其中阐发《五帝德》《帝系姓》非常明白，只是没有深入考察，但二书所记载的事情都不虚妄。《尚书》所记载的内容缺失很久了，那些丢失的部分往往可以从别的著作中见到。如果不认真学习，深入地思考，细致地领会其中的含义，当然就不易跟见闻不广的人阐述清楚。我根据古文和诸子百家有关的著作论定编排，选择其中说得雅正可靠的内容著成了《五帝本纪》放在了这部书的第一篇。

读万卷书，行万里路。

## 《疑·难·字》

荐（jiàn） 绅（shēn） 宰（zǎi） 峒（tóng） 涿（zhuō）

## 《特·殊·句》

◆ **判断句**

非好学深思，心知其意，固难为浅见寡闻道也。

"非……也"表示判断。

◆ **知识点**

　　《尚书》指的是《书经》，为儒家"五经"之一，主要分为《虞书》《夏书》《商书》《周书》几部分。《尚书》记载着有关尧、舜、禹时期的一些史事和商、周时期一些帝王的言论以及文告，是我国最早的一部历史文献汇编。

这些不严谨，不能用……

这些不错，可以写进我的书里。

司马迁

# 项羽本纪赞

　　项羽是司马迁在《史记》中着重描写的一个人物。在司马迁看来，项羽只用三年就灭秦称霸，最终却陷入四面楚歌的境地，于乌江自刎，他的一生可谓非常传奇。司马迁查阅史料，不仅写出了项羽顺应时势、善于抓住机遇的过人之处，也写出了他性格中的缺点和他错误的宿命论，总结他失败的教训。这篇赞语写于《项羽本纪》之后。司马迁用简洁的语言文字，对项羽的一生做出了客观的总结与评价。

### 子长（司马迁）

一代霸王最终走向穷途末路，是时也运也，还是另有原因？子长为您来说一说。

**西楚霸王的成功与失败**

1 小时前　　　　　　　　　　　　　　　　　　　　··

♡ 董仲舒、李陵

✉ 董仲舒：理性又客观，为师受教了。

李陵：子长，终于等到你发文了。都是我连累了你，你还好吧？

司马迁回复李陵："故天将降大任于是人也，必先苦其心志……"放心，我没那么容易被打倒。

汉武帝刘彻：中书令以后记得长长记性，可别再冲动忤逆我了！

李陵回复汉武帝刘彻：我没有背叛大汉，我是冤枉的，陛下怎么忍心灭我全家？

## 《品·原·文》

太史公曰：吾闻之周生①曰"舜目盖重瞳子②"，又闻项羽③亦重瞳子。羽岂具苗裔④邪？何兴之暴也！夫秦失其政，陈涉⑤首难⑥，豪杰蜂起，想与并争，不可胜数。然羽非有尺寸，乘势起陇亩之中，三年，遂将⑦五诸侯灭秦，分裂天下而封王侯，政由羽出，号为"霸王"。位虽不终，近古以来未尝有也。及羽背关怀楚，放逐义帝⑧而自立，怨王侯叛己，难矣。自矜功伐，奋其私智而不师古，谓霸王之业欲以力征经营天下，五年卒亡其国，身死东城，尚不觉寤⑨而不自责，过矣。乃引"天亡我，非用兵之罪也"，岂不谬哉！

◆ 一连串的对偶句式，从正面、侧面烘托出项羽的与众不同。

① 周生：人名，汉时的一位儒生。
② 重瞳子：一只眼睛里有两颗眸子。后人以"重瞳"为帝王之相。
③ 项羽：人名。中国军事思想"勇战派"代表人物之一。
④ 苗裔：子孙后代。
⑤ 陈涉：人名，也叫陈胜。最先起义反秦的人。
⑥ 首难：首先造反。
⑦ 将：率领。
⑧ 义帝：楚怀王的孙子，名心。项羽立他为楚怀王。
⑨ 寤：通"悟"。

## 《见·其·译》

太史公说：我从一位姓周的儒生那里听说，"舜的眼睛大概是双瞳孔"，又听说项羽也是双瞳孔的人。难道项羽是舜的后代吗？为什么他崛起得这样迅速呢？当秦朝的朝政混乱不堪的时候，陈涉最先起来造反，各地的英雄豪杰纷纷起势，互相争夺天下的人数也数不清。但是项羽并没有任何可以依靠的力量，只不过兴起于民间，三年的时间就率领五国诸侯一举灭秦，然后分割秦的天下，分封王侯，所有的政令都由项羽颁布，号称"霸王"。虽然项羽的王位没有坐多久，但自近古以来，还没有人像他一样。等到项羽放弃关中，因怀念家乡回到楚国建都，把义帝放逐而自立为王，还埋怨王侯背叛自己的时候，再想成功就难了。他夸耀自己的功绩，逞弄自己的聪明才智而不效仿古代帝王的仁义之道，认为这样就可以成就霸王的事业，想用武力来征服天下，结果五年的时间就亡国了。他直到死在东城的时候还没有觉悟，不认为是自己的过失，真是最大的错误。临死前他还说"这是上天要灭亡我，不是我用兵的过错"，这不是很荒谬的事吗！

霸王饶命！

## 《疑·难·字》

舜（shùn）　瞳（tóng）　裔（yì）　叛（pàn）　矜（jīn）

## 《特·殊·句》

◆ **省略句**

自矜功伐，奋其私智而不师古，谓霸王之业欲以力征经营天下，五年卒亡其国。（省略主语）

原句应为"（项羽）自矜功伐，奋其私智而不师古，谓霸王之业欲以力征经营天下，五年卒亡其国"。

◆ **反问句**

岂不谬哉！

用否定的语气来表示肯定的意思。

◆ **与项羽有关的成语**

**四面楚歌**：原指四面八方响起楚地的歌曲。现多形容四面受敌，处于孤立危急的困境。

**沐猴而冠**：原指猕猴戴着帽子装扮成人的样子。比喻表面上装扮得像个人物，而实际并不像。

**破釜沉舟**：原意是把锅打破，把船弄沉，表示不再回来。比喻下决心，不顾一切干到底。

**项庄舞剑，意在沛公**：项庄在席间舞剑助兴，其实是要刺杀刘邦。后比喻说话或行动虽然表面上有名目，其真实意图却在于对某人某事进行威胁或攻击。

**先发制人**：先动手以制服对方；先于对手采取行动以获得主动。

# 孔子世家赞

　　司马迁的《史记》共一百三十篇，含八书、十表、十二本纪、三十世家和七十列传。其中世家记载的多为诸侯国、汉代诸侯和勋贵的事迹，孔子也被他列入世家之中。《孔子世家赞》是他写于《孔子世家》之后的一段文字。在司马迁看来，孔子虽不是王侯将相，却是一位让人由衷敬佩的人物。他像巍峨的高山，又像深远宽广的江河。特别是在参观了孔子的故居之后，司马迁更加觉得孔子是一位伟大的圣人。

**‹　司马迁粉丝屋**　　　　　　　　　　　　　**•••**

**群主**

**最爱子长大大**

> @ 历史之匠（司马迁）司马大人，我翻看《史记》，发现有一篇《孔子世家》，可他的身份……

**历史之匠（司马迁）**

> 孔子既不是王侯将相，也不是什么勋贵，却是一位了不起的圣人。我可是他的超级粉丝！

**司马迁的头号粉丝**

> 司马大人说得对，孔子是思想家、教育家，还是儒家学派的创始人，他倡导仁、义、礼、智、信，门下弟子多达三千人……这样响当当的人物，司马大人当然要写了。

**历史之匠（司马迁）**

> 只可惜我和他没有生在一个时代，不然，我一定拜他为师。

孔子世家赞

史记

## 《品·原·文》

　　太史公曰：《诗》有之："高山仰止，景行①行止。"虽不能至，然心乡②往之。余读孔氏书，想见其为人。适③鲁，观仲尼④庙堂、车服、礼器，诸生以时习礼⑤其家，余低回⑥留之，不能去云。天下君王至于贤人众矣，当时则荣，没⑦则已焉。孔子布衣，传十余世，学者宗⑧之。自天子王侯，中国言六艺者折中⑨于夫子，可谓至圣矣！

采用对比烘托的方法，突出孔子的崇高。由此可见，司马迁对孔子是相当敬重的。

> 孔子，圣人也！

---

①　景行（háng）：宽阔的大路。
②　乡：通"向"，倾向，向往。
③　适：前往。
④　仲尼：孔子的字。
⑤　习礼：演习礼仪。
⑥　低回：徘徊流连。有版本作"祗（zhī）回"。
⑦　没：死亡。
⑧　宗：尊崇。
⑨　折中：调和取其中正。

太史公说：《诗经》里有这样的话："品德高尚如同巍巍高山，让人仰慕；言行光明好似通天大道，使人遵循。"虽然我达不到这样的境界，但心里还是很向往的。我阅读孔子的书籍，就能想象出他为人处世的风范。我去鲁地，参观孔子的宗庙厅堂、车辆服装、礼乐器物，看到儒生们按时在孔子的故居演习礼仪，心中感慨不已，在那里久久徘徊不愿离开。全天下从君王到贤人有很多，他们生前荣耀一时，一死就埋没无闻了。孔子身为一个普通百姓，学说却流传了十几代，读书人至今仍然尊崇他。上起天子王侯，中国讲说孔子六艺的人，都把孔子的言论作为判断是非的标准。他真能称得上是至高无上的圣人了！

比起帝王，孔子这样的圣人更能流芳百世。

《 疑 · 难 · 字 》

仰（yǎng）　　鲁（lǔ）　　仲（zhòng）

◆ **成语积累**

高山景行：高山，比喻高尚的品德。景行，比喻光明正大的行为，一说"景行"指大路。"高山景行"常指值得效仿、推崇的崇高的德行。

◆ **名句积累**

虽不能至，然心乡往之：虽然达不到这样理想的高度或目标，但心里一直很向往。

孔子列入世家篇才配得上他在我心中的地位。

◆ **知识点**

　　六艺指的是从周朝时期开始的贵族教育体系中的六种技能，分别是礼、乐、射、御、书、数，也就是礼节、乐舞、军事射箭、驾驭马车、书法文化、算法计数。孔子创办儒学，也以"六艺"为教学内容，用以培养德才兼备的君子，因此六艺也被称为"君子六艺"。

# 贾谊

贾谊（前 200—前 168），洛阳（今属河南）人，西汉初年著名的政论家和文学家。时称贾生。贾谊少有才名，很早就步入官场，但仕途不太顺利。汉文帝曾非常看重他的才华，这让贾谊成了小人构陷的对象。后来，文帝听信谗言贬谪他为长沙王太傅。贾谊在被谪放途中所作的《吊屈原赋》，可谓旷世名篇。后贾谊辅佐的梁怀王坠马而死，他为此深深自责，最终抑郁而终，时年 33 岁。

## 贾谊关键词

◆ 少有才名。

◆ 谪居长沙。

◆ 梁怀王太傅。

◆ 英年早逝。

年少成名有什么用，还不是拿到了个苦情剧本！

刘歆

汉朝之儒，唯贾生而已。

贾谊

## 诗文名句

◆ 吊屈原：横江湖之鳣鲸兮，固将制于蝼蚁。

◆ 讲百姓：国以民为本，君以民为本，吏以民为本。

◆ 说政治：疏者必危，亲者必乱。

◆ 论福祸：祸兮福所倚，福兮祸所伏，忧喜聚门兮，吉凶同域。

## "官场抑郁症"

　　贾谊被官场同僚排挤，被汉文帝派到长沙去做长沙王太傅。听说长沙环境不好，贾谊担心自己会死在那儿，其性格懦弱的一面表露无遗。在长沙过了五年郁闷的日子，此时的贾谊用现代话来说已经有些抑郁了。被汉文帝召回国都后，他依然没有受到重用，而是做了梁王的太傅。不久后梁王又坠马而死。贾谊作为他的老师觉得是自己没有照顾好学生，从此更加郁闷。在梁王死后的一年中，贾谊每次想到这件事都会大哭一场，最后郁郁而终。毛泽东的诗词里曾经这样写道："梁王堕马寻常事，何用哀伤付一生。"表现了他对贾谊英年早逝的深深惋惜。

# 过秦论

西汉文帝时，贾谊受到汉文帝的重用，官至太中大夫。贾谊深谋远虑，非常有远见。虽然文帝在位时天下太平，后期还出现了"太平盛世"，但当时政体还存在一些弊端，比如权贵豪门对百姓的压迫问题以及阶级矛盾日益激化等。贾谊以敏锐的洞察力看到了西汉王朝潜伏的危机，于是写了这篇《过秦论》，希望在分析秦朝政治失败原因的同时，给予当权者一些劝诫。

**爱散文更爱辞赋的小·贾（贾谊）**

秦国是怎么灭亡的。 文

**要做孝子更要做明君的刘恒**

太中大夫给我分享这个，是意有所指？

**爱散文更爱辞赋的小·贾（贾谊）**

圣上英明，一下就猜到了我的用意。

**要做孝子更要做明君的刘恒**

既如此，为何不直接说呢？

**爱散文更爱辞赋的小·贾（贾谊）**

以史为鉴，更能知得失。圣上您说是不是？我还特地写了一篇《过秦论》，希望对圣上治理国家有所帮助。

**要做孝子更要做明君的刘恒**

贾卿辛苦，朕一定好好研读。

过秦论

贾谊

103

## 《品·原·文》

秦孝公据崤函之固，拥雍州之地，君臣固守以窥周室，有席卷天下，包举宇内，囊括四海之意，并吞八荒之心。当是时也，商君①佐之，内立法度，务耕织，修守战之具，外连衡②而斗诸侯。于是秦人拱手③而取西河之外。

孝公既没，惠文、武、昭襄蒙④故业，因遗策，南取汉中，西举巴、蜀，东割膏腴之地，北收要害之郡。诸侯恐惧，会盟而谋弱⑤秦，不爱珍器重宝肥饶之地，以致⑥天下之士，合从缔交，相与为一。当此之时，齐有孟尝，赵有平原，楚有春申，魏有信陵。此四君者，皆明智而忠信，宽厚而爱人，尊贤而重士，约从离衡，兼韩、魏、燕、楚、齐、赵、宋、卫、中山之众。于是六国之士，有宁越、徐尚、苏秦、杜赫之属为之谋⑦，齐明、周最、陈轸、召滑、楼缓、翟景、苏厉、乐

此处运用了排比的修辞手法。铺陈渲染手法是辞赋惯用的写作手法之一。

---

① 商君：指商鞅。
② 连衡：秦国采用的一种离间六国的策略，使它们各自同秦国联合，从而各个击破。衡，通"横"。
③ 拱手：两手合抱，形容毫不费力，非常容易。
④ 蒙：继承。
⑤ 弱：削弱。
⑥ 以致：用来招纳。
⑦ 为之谋：为他们谋划。

毅之徒通其意①，吴起、孙膑、带佗、倪良、王廖、田忌、廉颇、赵奢之伦制其兵②。尝以十倍之地，百万之众，叩关而攻秦。秦人开关延敌③，九国之师，逡巡④而不敢进。秦无亡矢遗镞之费，而天下诸侯已困⑤矣。于是从散约败，争割地而赂秦。秦有余力而制其弊，追亡逐北，伏尸百万，流血漂橹；

此处依旧运用铺排的手法，渲染六国攻秦时的阵仗。

又打了败仗，六国亡矣！

过秦论

贾谊

① 通其意：沟通他们的意图。
② 制其兵：率领他们的军队。
③ 延敌：迎击敌人。
④ 逡巡：有所顾虑而徘徊不敢前进。
⑤ 困：窘迫。

因利乘便，宰割天下，分裂山河。强国请服，弱国入朝。施①及孝文王、庄襄王，享国之日浅，国家无事。

及至始皇，奋六世之余烈，振长策而御②宇内，吞二周而亡诸侯，履③至尊而制六合，执敲扑④而鞭笞天下，威振四海。南取百越之地，以为桂林、象郡；百越之君，俯首系颈，委命下吏。乃使蒙恬北筑长城而守藩篱，却匈奴七百余里；胡人不敢南下而牧马，士不敢弯弓而报怨。于是废先王之道，焚百家之言，以愚黔首；隳⑤名城，杀豪杰；收天下之兵，聚之咸阳，销锋镝，铸以为金人十二，以弱天下之民。然后践华⑥为城，因河⑦为池，据亿丈之城，临不测之渊，以为固。良将劲弩守要害之处，信臣精卒陈利兵而谁何。天下已定，始皇之心，自以为关中之固，金城千里，子孙帝王万世之业也。

此处运用了大量的排比句和对偶句，将秦始皇的实力和野心描写得淋漓尽致。文章一气呵成，体现出了波澜壮阔的气势。

论述了秦统一之后的种种过失，指出以武力、暴虐治天下，最终导致了秦的灭亡。为作者的论点提供支撑。

---

① 施（yì）：延续。也有版本作"延"。
② 御：统治。
③ 履：原指鞋子，此处为登上。
④ 敲扑：行刑用的棍杖。
⑤ 隳（huī）：毁坏。
⑥ 华：华山。
⑦ 河：这里指黄河。

始皇既没，余威震于殊俗①。然陈涉瓮牖绳枢②之子，氓隶③之人，而迁徙之徒也；才能不及中人④，非有仲尼、墨翟之贤，陶朱、猗顿之富；蹑足⑤行伍之间，而倔起阡陌之中，率疲弊之卒，将数百之众，转而攻秦；斩木为兵⑥，揭竿为旗，天下云集响应，赢粮⑦而景从⑧。山东⑨豪俊遂并起而亡秦族矣。

王侯将相宁有种乎！

此处用排比、对偶等修辞手法，突出描写陈涉的弱小，与后文做了铺垫。

① 殊俗：边远的地区。
② 瓮牖（yǒu）绳枢：用瓮做窗户，用草绳系门扇，指房屋简陋，家境贫寒，比喻非常贫穷。
③ 氓隶：指下层百姓。
④ 中人：中等庸人，普通人。
⑤ 蹑足：置身。
⑥ 兵：武器。
⑦ 赢粮：担着粮食。
⑧ 景从：像影子一样跟随。景，通"影"。
⑨ 山东：指崤山以东，代指东方诸国。

过秦论

贾谊

107

且夫①天下非小弱也，雍州之地，崤函之固，自若②也。陈涉之位，非尊于齐、楚、燕、赵、韩、魏、宋、卫、中山之君也；锄耰棘矜③，非铦④于钩戟长铩也；谪戍之众，非抗于九国之师也；深谋远虑，行军用兵之道，非及乡时之士也。然而成败异变，功业相反，何也？试使山东之国与陈涉度长絜大⑤，比权量力，则不可同年而语矣。然秦以区区之地，致⑥万乘⑦之势，序八州而朝同列⑧，百有余年矣；然后以六合为家，崤函为宫；一夫作难⑨而七庙隳，身死人手，为天下笑者，何也？仁义不施而攻守之势异也。

◇ 文章中多选用对比烘托的表现手法，使文章气势更强盛。

◇ 前文大段的举例、类比，都是为最后自己的论点提供依据。

---

① 且夫：相当于"说到那"或"至于那"。
② 自若：和本来一样。
③ 锄耰（yōu）棘矜：用锄头木棒做的武器。
④ 铦（xiān）：锋利。
⑤ 度（duó）长絜（xié）大：量量长短，比比大小。
⑥ 致：造成，获得。
⑦ 万乘：兵车万辆。表示军事力量强大。
⑧ 同列：指六国诸侯。
⑨ 作难：起事。

　　秦孝公占据着崤山和函谷关的险固地势，拥有雍州的土地，君臣上下一起牢牢地守卫着这些要地不肯松懈，暗地里却想夺取周王室的权力，要统一天下、吞并八方。在这个时候，商鞅尽力辅佐他，在国内建立法规制度，鼓励耕作纺织发展经济，修造防守和进攻的武器；对外推行连横的政策，使诸侯自相争斗。于是，秦国轻而易举地取得了西河以外的大片土地。

　　秦孝公死了以后，惠文王、武王、昭襄王继承先人的基业，继续奉行孝公的策略，向南夺取汉中，向西攻取巴、蜀，向东割取肥沃的地区，向北征服险要的郡县。各国诸侯恐慌害怕，联合起来想办法去削弱秦国，不吝啬金玉财宝和肥沃富饶的土地，用来招纳天下的优秀人才，采用合纵的策略缔结盟约，互相援助，逐渐成为一体。此时，齐国有孟尝君，赵国有平原君，楚国有春申君，魏国有信陵君。这四位君子，都非常英明有智慧，忠诚讲诚信，待人宽厚，尊重贤良的人士，他们用合纵的策略破坏连横，将韩、魏、燕、楚、齐、赵、宋、卫、中山诸国的军队都联合起来。与此同时，六国的士人宁越、徐尚、苏秦、杜赫等为他们出谋划策，齐明、周最、陈轸、召滑、楼缓、翟景、苏厉、乐毅等人为他们沟通意见，吴起、孙膑、带佗、倪良、王廖、田忌、廉颇、赵奢等人统率他们的军队。这些人曾经用十倍于秦国的土地，带领上百万的军队，越过函谷关来攻打秦国。秦人打开函谷关口迎战敌人，但九国的军队有所顾虑，徘徊着不敢入关。于是，秦国没有耗费一弓一箭、一兵一卒，就让天下的诸侯窘迫不堪。合纵失败后，各诸侯国争相割地来讨好秦国，这就让秦国有剩余的力量去制服那些逃走的败兵。于是，百万败兵横尸道路，流淌的血液甚至可以让盾牌漂浮起来。秦国凭借有利的形势，

过秦论

贾谊

趁机割取天下的土地，重新划分疆域。强大的国家主动向秦臣服，弱小的国家则进入秦国朝拜。这样的优势延续到孝文王、庄襄王时期，他们统治秦国的时间不长，秦国也没有发生什么大事。

秦始皇时，继续发扬六代祖先遗留下来的功业，挥动长鞭来驾驭全国，吞并东西二周，消灭各诸侯国，登上至尊宝座统治天下，用严酷的刑罚来奴役天下的百姓，威风震慑四海。秦始皇向南攻取百越的土地，把它划为桂林郡和象郡，百越的君主自愿投降，把性命交给秦国的下级官吏。然后，秦始皇命令蒙恬在北方修筑长城来守卫边境，让匈奴退却七百多里；胡人不敢到南边来放牧，勇士不敢拉弓射箭来报仇。接着，秦始皇废除古代帝王的治世之道，焚烧诸子百家的著作，用来愚惑自己的百姓；毁坏高大的城墙，杀掉英雄豪杰，收缴全国的兵器，集中在咸阳，销毁兵刃和箭头，用它们铸造了十二个铜人，以削弱百姓的反抗力量。然后，他以华山做城墙，依靠黄河做城池，既占有高达万丈的城墙，又占有深不可测的护城河，作为坚固的防御工事。接着，又派良将手执强弩守卫着要地，让忠臣带领携带锋利武器的精兵四处巡逻盘查。此时，天下安定，秦始皇觉得关中这个险地，方圆千里都是铜墙铁壁，可以成为子孙万代称帝为王的永久基业了。

直到秦始皇去世之后，他的余威还震慑着边远地区。然而，陈涉不过是个用破瓮做窗户、用草绳系门扇的贫家子弟，受奴役被征用去戍守边境的小兵，才能不如中等人，既没有孔子、墨翟那样的贤德，也不如陶朱、猗顿那般富有。他置身在戍卒的队伍中，在村野中勉强起事，率领疲惫无力的士兵，指挥几百人的队伍，掉转矛头来攻打秦国。他们砍断树木当作武器，举起竹竿作为旗帜，天下的豪杰像云和回声一样聚集在他身边

应和他，许多人担着粮食，像影子一样跟着他。崤山以东的英雄豪杰一起起事，彻底消灭了秦王朝。

当时秦国的天下没有变小也没有变弱，雍州、崤山和函谷关地势依然险固，和最初一样；陈涉的地位，不比齐、楚、燕、赵、韩、魏、宋、卫、中山等国的国君尊贵；锄头木棍制作成的武器，也不比钩戟长矛更锋利；那些戍边的士兵也不能与九国的军队相抗衡；论深谋远虑、用兵打仗的方法，也比不上从前那些谋士勇将。然而成功和失败却发生了变化，功绩正好相反。这是为什么呢？假如让崤山以东六国的诸侯与陈涉比一比长短大小，比较权势和力量，根本不能相提并论。然而秦凭借着它小小的地方，取得了统治天下的权力，攻占八州让其他诸侯国都来朝拜，经过一百多年，才把天下统一，把崤山、函谷关作为自己的内宫。但一个陈涉发动起义就让一个国家灭亡，秦朝的后代都死在别人的手里，成为天下人嘲笑的对象，这是为什么呢？是因为不施行仁政，从而让攻守的形势发生变化的缘故啊。

## 《疑·难·字》

崤（xiáo）　雍（yōng）　囊（náng）　轸（zhěn）　翟（dí）

毅（yì）　膑（bìn）　廖（liào）　颇（pō）　逡（qūn）

镞（zú）　橹（lǔ）　笞（chī）　恬（tián）　隳（huī）

镝（dí）　弩（nǔ）　瓮（wèng）　牖（yǒu）　猗（yī）

耰（yōu）　棘（jí）　铦（xiān）　谪（zhé）　戍（shù）

## 《特·殊·句》

◆ 倒装句

陈涉之位，非尊于齐、楚、燕、赵、韩、魏、宋、卫、中山之君也。

（状语后置）

原句语序应为"陈涉之位，非于齐、楚、燕、赵、韩、魏、宋、卫、中山之君尊也"。

◆ 判断句

此四君者，皆明智而忠信，宽厚而爱人，尊贤而重士。

"者"表示判断。

◆ 省略句

蹑足行伍之间。（省略介词）

原句应为"蹑足（于）行伍之间"。

## 《词·类·活·用》

崤函之固（固：险固的地势。形容词作名词。）

外连横而斗诸侯（连横：采取连横的策略。名词作动词。）

追亡逐北（亡：逃亡的军队；北：溃败的军队。动词作名词。）

天下云集响应（云：像云那样。名词作状语。）

# 晁错

晁错（前 200—前 154），颍川（今河南禹州）人，西汉思想家、政论家、文学家。他学贯儒法，知识渊博。初从张恢学习法家学说，习"刑名之学"，后学《尚书》。晁错性刚直，多谋略，深受文、景二帝的器重和宠信。文帝时任太常掌故，后为太子家令。晁错能言善辩，分析问题常常一语中的，深受太子刘启宠信，被尊为"智囊"。刘启即位后，晁错任御史大夫。晁错坚持"重本抑末"政策，提出纳粟受爵、募民充实塞下、积极备御匈奴攻掠等，得到景帝采纳。后来，晁错上《削藩策》建议削藩，被景帝采纳。不久，吴、楚等七国以诛晁错为名，举兵叛乱，他为袁盎等所谮，被杀。著有《晁错》三十一篇，今佚，有清朝马国翰等人辑本。

## 晁错关键词

◆ 刘启眼中的"智囊"。

◆ 七国之乱的牺牲品。

◆ 极有文采的政治家。

◆ 政论散文家。

伴君如伴虎，这话没错。

鲁迅

西汉鸿文。

晁错

## 七国之乱

晁错在担任太子舍人时就与太子刘启建立了深厚的感情，所以待刘启继位称帝后，晁错可谓是风光无限。

然而伴君如伴虎。晁错虽然"集万千宠爱于一身"，却也因此得罪了不少人。加上他上书奏请的一系列举措威胁到了众多豪门士大夫的根本利益，所以很多人都欲除之而后快。特别是在晁错进言削藩之后，吴、楚七国便发动了历史上的"七国之乱"。他们以诛杀晁错为借口兴兵反叛，景帝一时乱了方寸。袁盎等人的诱导更是让景帝认为七国叛变皆由晁错削藩而起，杀了晁错就能平息这件事。在江山与重臣之间权衡，景帝自然是选择了江山，于是晁错被腰斩于长安东市。

虽然晁错已死，七国仍然反攻不断。这时景帝才意识到，自己不过是中了别人的圈套，诛杀了有功之臣。于是他下诏派太尉周亚夫领兵平叛，讨伐七国，不到三个月就平定了这次战乱，将权力收归中央，天下遂安。

# 论贵粟疏（节选）

汉文帝执政时期农业发展迅速，结果粮价大跌，反而促进了商业的兴盛与发展。在这种情况之下，农民的种植积极性受到了很大的打击，许多人弃农从商，导致粮食产量下降。这对国家的安定和谐产生了非常负面的影响。晁错针对这种情况，写了一封奏疏呈给文帝。"重农抑商"是晁错最具代表性的政治主张。在这篇奏疏中，这一主张也得到充分体现。

**头版头条 爱看不看**

## "重农抑商"迫在眉睫，晁错能否凭一纸奏疏说服文帝？

近年来，因农商发展失衡，农民屡屡遭受地主、商人的剥削，导致大批农民流离失所，社会矛盾日益激化。针对这一问题，中大夫晁错将奏疏《论贵粟疏》上呈文帝。文帝是否会因此改变对内政策？我们拭目以待。

**路人甲日报**

论贵粟疏（节选）

晁错

### 读者留言

太子刘启：晁错事事为国着想，应该重赏！

袁盎：甭管晁错说什么，我都持反对意见。

汉文帝刘恒：奏疏我看过了，写得不错，看来是时候"重农抑商"了。

晁错回复汉文帝刘恒：圣上别急，我还有一封给农民减租的奏疏没有呈给您呢！

《品·原·文》

圣王在上而民不冻饥者，非能耕而食①之，织而衣②之也，为开其资财之道也。故尧、禹有九年之水，汤有七年之旱，而国无捐瘠③者，以畜积多而备先具也。今海内为一，土地人民之众不避禹、汤，加以亡天灾数年之水旱，而畜积未及者，何也？地有余利，民有余力，生谷之土未尽垦，山泽之利未尽出也，游食之民未尽归农也。民贫，则奸邪生。贫生于不足，不足生于不农，不农则不地著④，不地著则离乡轻家。民如鸟兽，虽有高城、深池、严法、重刑，犹不能禁也。

夫寒之于衣，不待轻暖；饥之于食，不待甘旨；饥寒至身，不顾廉耻。人情，一日不再食则饥，终岁不制衣则寒。夫腹饥不得食，肤寒不得衣，虽慈母不能保其子，君安能以有其民哉！明主知其然也，故务民于农桑，薄赋敛，广畜积，以实仓廪，备水旱，故民可得而有也。

方今之务，莫若使民务农而已矣。欲民务农，在于贵粟。贵粟之道，在于使民以粟

开篇就运用了古今对比的表现手法，突出自己的论点，使主张更加鲜明。

采用议论的连锁推理，由此及彼，环环相扣，提升文章的论辩力。

---

① 食：给……吃。
② 衣：给……穿。
③ 捐瘠：饥饿而死。
④ 地著：定居在一个地方。

为赏罚。今募天下入粟县官，得以拜爵，得以除罪。如此，富人有爵，农民有钱，粟有所渫①。夫能入粟以受爵，皆有余者也。取于有余，以供上用，则贫民之赋可损②，所谓损有余、补不足，令出而民利者也。顺于民心，所补者三：一曰主用足，二曰民赋少，三曰劝农功。今令民有车骑马一匹者，复卒三人。车骑者，天下武备也，故为复卒。神农之教曰："有石城十仞③，汤池百步，带甲百万，而亡粟，弗能守也。"以是观之，粟者，王者大用④，政之本务。今民入粟受爵至五大夫以上⑤，乃复一人耳，此其与骑马之功相去远矣。爵者，上之所擅，出于口而无穷。粟者，民之所种，生于地而不乏。夫得高爵与免罪，人之所甚欲也。使天下人入粟于边，以受爵免罪，不过三岁，塞下之粟必多矣。

论证完主张，自然要提出对策，这也是本文的重要内容之一。

通过举例说明施行重农之策的好处，条理清晰，言简意赅。

论贵粟疏（节选）

晁错

---

① 渫（xiè）：分散，散出。
② 损：减少。
③ 仞：古代以七尺或八尺为一仞
④ 大用：最需要的东西。
⑤ 五大夫：一种爵位，纳粟四千石。

《见·其·译》

在圣明君主的统治之下，百姓可以不受冻不挨饿，并不是因为君主能亲自耕种给他们吃，也不是能亲自织布供他们穿，而是他能为百姓创造一些可以积累财富的方法。所以唐尧、夏禹时期洪水泛滥九年，商汤时期旱灾持续七年，但国内却没有因饿死被丢弃和饿瘦的人，是因为国家有充足的积蓄，事先做了准备的缘故。现在天下统一，与夏禹和商汤之时相比，土地宽广的程度和百姓的人数丝毫不逊色，而且也没遇到天灾水患，人们却不如那时积蓄得多，这是为什么呢？土地尚能耕种，百姓也多强壮，能种植谷物的土地也没开垦完全，山川池泽也都可以利用，游手好闲的民众还没有完全加入农耕的行列。百姓贫穷就会走歪门邪路。贫穷是因为不富足，不富足是因为不重视农业，不重视农业就不能安居乡土，不能安居乡土，百姓就会轻易离开家乡。结果老百姓像鸟兽那样四散，即使有高高的城墙、深深的护城河、严厉的法令、严酷的刑罚，也还是不能阻止他们。

受冻的人，对衣服没有轻暖舒适的要求；吃不饱的人，对食物也没有鲜美可口的要求；身体受冷挨饿，那么也就顾不上礼义廉耻了。人之常情：一天吃不上两顿饭就会挨饿，一年也做不了一件衣服就会受冻。饿了没有食物吃，冷了没有衣服穿，即使是再慈爱的母亲也保不住自己的孩子，国君又怎么能留住他的子民呢？英明的君主明白其中的道理，所以重视农桑，减免赋税，增加储备，以便充实仓库，防备水旱灾害，就能得到民心并留住更多百姓。

当今没有比让百姓务农更急迫的事情了。想要让百姓安心农耕，在于提高粮食的价格；提升粮食的价格，在于让百姓以粮食为受赏和受罚的依据。现在召集全国的百姓把粮食上缴给官吏，纳粮就能封爵位，或者赎免罪责。这样的话，富足的人有了爵位，农民有了钱财，粮食也不会积压而会更流通了。能靠纳粮封爵的人必定是粮食富足的人，把他们剩余的粮食供政府使用，那么贫穷的百姓就可以减轻赋税，这就是所说的用多余的填补不足的。这种政令一旦颁布，百姓就会得到好处。顺从百姓的心意，有三大好处：一是君主需要的东西充足，二是减轻了百姓的负担，三是使更多人从事农业生产。现在咱们的政令是，能交出一匹战马的人家，可以免去三个人的兵役。战马是一个国家战备的必需品，所以能用免除兵役来交换。神农氏曾经说："就算有七八丈高的坚固城墙，有一百步宽且水源充足的护城河，上百万全副武装的士兵，如果没有粮食，也守不住这座城。"如此看来，粮食才应该是一个君王必备的财产，是一个国家政治的根本任务。让百姓上缴粮食换取爵位，官至五大夫以上，才能免去一个人的兵役，这与交纳战马的作用实在是差得很远。赏赐爵位是皇帝独有的权力，只要一句话，就可以没有限制地封赏百姓；粮食是百姓辛苦种植出来的，在土地中不断生长不会匮乏。受到封赏和减免罪责是百姓非常渴望的事，如果让全国的百姓都缴纳粮食，供边疆使用，以此交换爵位赎免罪过，那么用不了三年，边疆的粮食储备就会富足起来。

晁错

## 《疑·难·字》

瘠（jí）　　畜（xù）　　避（bì）　　廉（lián）　　赋（fù）

廪（lǐn）　　渫（xiè）　　爵（jué）　　仞（rèn）　　粟（sù）

## 《特·殊·句》

◆ **省略句**

非能耕而食之，织而衣之也。（省略主语）

原句应该是"非（王）能耕而食之，织而衣之也"。

车骑者，天下武备也，故为复卒。（省略宾语）

原句应该是"车骑者，天下武备也，故为（之）复卒"。

◆ **判断句**

以畜积多而备先具也。

"也"在句末，表示判断。

◆ **倒装句**

今令民有车骑马一匹者，复卒三人。（定语后置）

原句语序应该是"今令民有一匹车骑马者，复卒三人"。

## 《词·类·活·用》

以蓄积多而备先具也（备：备荒的物资。动词作名词。）

不地著则离乡轻家（轻：把……看得轻。形容词的意动用法。）

# 司马相如

司马相如（约前 179—前 118），字长卿，蜀郡成都（今属四川）人，是西汉时著名的辞赋家。他非常欣赏战国时的名相蔺相如，因此改名相如。景帝时，司马相如为武骑常侍，因病免职。后来，他凭借代表作《子虚赋》受到汉武帝的赏识，被封为郎。任职期间，司马相如虽有些小贡献，但也有些失误。相比而言，他的文学作品以及与卓文君的爱情故事更为人们所熟知。

## 司马相如关键词

◆ 辞宗。

◆ 赋圣。

◆ 安边功臣。

◆ 作赋追妻。

把偶像之名冠于我名，是对偶像致敬的最高境界。

扬雄

相如不是凡人呐！

司马相如

◆ 诉心肠：有一美人兮，见之不忘。一日不见兮，思之如狂。

◆ 说美人：眉如远山含黛，肤若桃花含笑，发如浮云，眼眸宛若星辰。

◆ 断真理：有非常之人，然后有非常之事；有非常之事，然后有非常之功。

◆ 谓坦荡：臣乃脉定于内，心正于怀，信誓旦旦，秉志不回。

## 千古良缘《凤求凰》

　　梁孝王去世后，司马相如回到了老家四川。但那时他家境贫寒，生活难以为继，只好到临邛投奔好兄弟王吉。王吉当时是临邛的县令，因为常常去司马相如暂住的小亭里探望，城中的富贵人家就以为县令请来了贵客，于是商量着设宴款待。卓王孙是临邛有名的富人，他和程郑家的人商量办个宴席，去请司马相如，可司马相如推托，最后还是县令出马他才来。席间，县令王吉让司马相如弹一曲，正巧卓王孙有个女儿名文君，新寡。原本司马相如就对她倾心，于是借此机会，唱了一曲《凤求凰》，成就了这段良缘。

# 上书谏猎

　　司马相如善于作赋，但汉景帝不喜欢赋，所以司马相如空有才华却得不到施展。汉武帝刘彻继位后，偶然读到了司马相如的《子虚赋》，顿时惊为天人，于是封司马相如为郎官。汉武帝有狩猎的爱好，司马相如曾经跟随他一起去狩猎的长杨宫。他看到汉武帝不仅痴迷追逐野兽的游戏，还亲自去猎熊和野猪，于是就写下了这篇谏文，劝说汉武帝不要贪图玩乐，置自身安危于不顾。

### 狩猎达人刘彻
今日收获一只熊和一头野猪，太开心了！明日继续！！！

1 小时前

♡ 大臣甲

✉ 大臣甲：圣上威武！给您点赞！

　　卓文君的相公（司马相如）：圣上这么做太危险了！臣在一旁看得心惊肉跳。圣上乃一国之君，臣希望您能时刻注意自身安全。

　　狩猎达人刘彻回复卓文君的相公（司马相如）：你不觉得很刺激吗？没情趣！

　　窦太后：简直胡闹！还不速速回宫！

上书谏猎

司马相如

123

## 《品·原·文》

相如从上至长杨猎。是时天子方好自击熊豕，驰逐埜兽。相如因上疏谏曰：

"臣闻物有同类而殊能者，故力称乌获，捷言庆忌，勇期贲、育。臣之愚，窃以为人诚有之，兽亦宜然。今陛下好陵阻险，射猛兽，卒然①遇逸材②之兽，骇不存之地，犯属车之清尘，舆不及还③辕，人不暇施巧，虽有乌获、逢蒙之技不得用，枯木朽株尽为难矣。是胡、越起于毂下，而羌、夷接轸也，岂不殆哉？虽万全而无患，然本非天子之所宜近也。

"且夫清道而后行，中路而驰，犹时有衔橛之变④，况乎涉丰草，骋丘墟，前有利兽之乐，而内无存变之意，其为害也不难矣！夫轻万乘之重，不以为安，乐出万有一危之涂以为娱，臣窃为陛下不取。

"盖明者远见于未萌，而知者避危于无形，祸固多藏于隐微，而发于人之所忽者也。故鄙谚曰：'家累千金，坐不垂堂⑤。'此言虽小，可以喻大。臣愿陛下留意幸察。"

此处运用了比喻、对仗等多种修辞手法，委婉地表达了劝谏武帝不要亲自打猎的意图。

运用对比烘托的表现手法，再次申明主旨，强化观点。

---

① 卒（cù）然：突然。卒，通"猝"。
② 逸材：过人之材。
③ 还：通"旋"。
④ 衔橛之变：马络头、车钩心一类的断裂，指意外事故。
⑤ 坐不垂堂：指不坐在屋檐之下。

司马相如跟随皇帝到长杨宫打猎。那时天子正喜好亲自搏击熊和野猪，驱车追逐野兽。相如为此上书进谏说：

"臣听说有些事物虽然同类而能力却超常，所以论力气大要举出乌获，论奔跑速度要提庆忌，论勇气要想到孟贲和夏育。臣愚笨，私下认为确实有能力出众的人，也有凶猛的野兽。如今陛下喜欢到地势险峻的地方射杀猛兽，如果突然遇到特别凶猛的野兽，使它在绝境之下被惊骇，侵犯了您乘坐的车马，车子来不及掉头，人也顾不上应变，即使有乌获、逢蒙的能力也派不上用场，到时枯树和烂掉的树枝都会成为阻碍。这种情形就像胡、越的兵从车轮下窜出，羌、夷的人紧跟在车子后面，怎么能不危险呢！即使一切条件都准备妥当，保证绝对安全没有丝毫祸患，但这也不应该是天子应该做的事啊。

"况且即使清扫了道路之后再行车，在大路中间奔驰，也有可能会遇到意外事故。何况是在野草茂盛的地方行走，去荒凉的地方奔跑，前面有猎获野兽的快乐引诱，而心里又没有应付变故的准备，那么就很容易造成灾难了。随便放弃天子的尊贵，不考虑自己的安危，喜欢到有危险的地方去寻找乐趣，臣私下认为陛下这样做是不对的。

"明智的人在事情还没有萌发的时候就已经预见到了，有智慧的人在祸患还没有形迹的时候就躲开了，祸患原本就藏在隐蔽的地方，然后在人们忽视它时就发生了。所以有古话说：'家中积累千金的人，不坐在靠近屋檐的地方。'这句话虽简单，寓意却很深。臣希望陛下多多注意并且认真考虑一下。"

## 《疑·难·字》

捷（jié）贲（bēn）　骇（hài）辕（yuán）　朽（xiǔ）

毂（gǔ）羌（qiāng）橛（jué）骋（chěng）鄙（bǐ）

## 《特·殊·句》

◆ 判断句

虽万全而无患，然本非天子之所宜近也。

"非……也"表示判断。

◆ 省略句

况乎涉丰草，骋丘墟，前有利兽之乐，而内无存变之意，其为害也不难矣！

原句应为"况乎（陛下）涉丰草，骋丘墟，前有利兽之乐，而内无存变之意，其为害也不难矣"。

◆ 成语积累

**家累千金，坐不垂堂**：有万贯家产的人，坐时不挨近屋檐，怕瓦掉下来砸着自己。形容有钱人珍爱自身，把性命看得很重，不轻易涉险。

这《子虚赋》气势恢宏，辞藻华丽，甚好！甚好！

既然陛下如此喜欢，我决定特地为您创作它的姊妹篇《上林赋》！

# 路温舒

路温舒，字长君，巨鹿（今属河北）人，西汉时期重臣。路温舒自小家境贫寒，父亲一心只想让他牧羊。可他却偏不服从命运的安排，靠着编蒲抄书，学会读书、识字进而成文。写得稍有成果时，他幸运地做了一名狱吏，开始学习律法，不久就迁官做了狱史。又受《春秋》影响，通大义，举孝廉。正因为有了这样的经历，他才会写出《尚德缓刑书》这篇文章。

成功的路，都是自己走出来的。

**路温舒关键词**

◆ 举孝廉出身。

◆ 自学成才。

◆ 死于任上。

路温舒

## 编蒲抄书

　　路温舒的父亲是一个守门人。可能是因为自己没有学问的关系，他对儿子也不抱什么希望。小时候，路温舒就被父亲强令去牧羊。可他不甘心做个放羊娃。

　　路温舒从湖泽中取出一些蒲草，把它们做成简牒，再编起来，在上面写字。找到这个读书写字的方法后，路温舒便想方设法到处借书来抄写。后来，他不仅认识了许多字，还能写一手好文章。

　　凭借着强大的意志力和坚韧不拔的精神，路温舒掌握了丰富的知识，成为远近闻名的才子，后来他举孝廉，官至廷尉奏曹掾（中央审判长官办文牍的属官）、太守等职，成了西汉著名的司法官。

每天一个小目标，今天要认30个字。

# 尚德缓刑书（节选）

公元前74年，汉昭帝驾崩。大臣霍光等人拥立昌邑王刘贺继位。但这位皇帝不思朝政，纵情娱乐，在位二十七天就被废黜。随后，生长于民间的武帝曾孙刘询在霍光等人的安排下登基，他就是汉宣帝。

宣帝即位后，路温舒呈上了这篇《尚德缓刑书》以劝说汉宣帝"尚德缓刑"。

## ‹ 欢迎新君　　　　　　　　　　　·····

放羊娃（路温舒）将群名称改为"欢迎新君"

**放羊娃（路温舒）**
> 恭贺圣上即位！

**霍光**
> 圣上既已登基，那么我手中的权力……

**来自民间的刘病已（汉宣帝刘询）**
> 博陆侯多虑了，朕刚刚登基，朝中要事还得仰仗您做决断，我就在一旁看着好了。

**放羊娃（路温舒）**
> 圣上若不忙，可以看看我写的这篇《尚德缓刑书》。如今废除弊政迫在眉睫，臣奏请圣上马上"革新重刑罚，重用治狱官"。

尚德缓刑书（节选）

路温舒

## 《品·原·文》

昭帝崩，昌邑王贺废，宣帝初即位。路温舒上书，言宜尚德缓刑。其辞曰：

"臣闻秦有十失，其一尚存，治狱之吏是也。秦之时，羞文学①，好武勇，贱仁义之士，贵治狱之吏，正言者谓之诽谤，遏过者谓之妖言，故盛服先生②不用于世，忠良切言皆郁于胸，誉谀之声日满于耳，虚美熏心，实祸蔽塞。此乃秦之所以亡天下也。方今天下赖陛下恩厚，亡金革③之危、饥寒之患，父子夫妻勠力④安家，然太平未洽者，狱乱之也。夫狱者，天下之大命也，死者不可复生，绝者不可复属。《书》曰：'与其杀不辜，宁失不经⑤。'今治狱吏则不然，上下相驱，以刻为明，深者获公名，平者多后患。故治狱之吏皆欲人死，非憎人也，自安之道在人之死。是以死人之血流离于市，被刑之徒比肩而立，大辟⑥之计岁以万数。此仁圣之所以伤也。太平之未洽，凡以此也。夫人情安则乐生，痛则思死，棰楚⑦之下，

句式工整、对仗，突出了秦灭亡的原因，论证了自己的观点，很有说服力。

用直白的语言，勾勒出当时官吏审判的弊端，向当朝者大声疾呼。

---

① 文学：这里指文教方面的事。
② 盛服先生：指儒者，戴儒冠，着儒服，衣冠齐整。
③ 金革：指战争。
④ 勠力：齐心协力。
⑤ 不经：不合常规。
⑥ 大辟：死刑。
⑦ 棰楚：古时候的一种刑具。

何求而不得？故囚人不胜痛，则饰辞以视之；吏治者利其然，则指道以明之；上奏畏却①，则锻练②而周内③之。盖奏当之成，虽咎繇④听之，犹以为死有余辜。何则？成练⑤者众，文致之罪明也。是以狱吏专为深刻，残贼而亡⑥极，媮⑦为一切，不顾国患，此世之大贼⑧也。故俗语曰：'画地为狱，议不入；刻木为吏，期不对。'此皆疾吏之风，悲痛之辞也。故天下之患，莫深于狱；<u>败法乱正，离亲塞道，莫甚乎治狱之吏。</u>此所谓一尚存者也。

借前面大段的叙述，形成古今对比，得出了后面这一尚存的过错。

　　"臣闻乌鸢之卵不毁，而后凤皇集；诽谤之罪不诛，而后良言进。故古人有言：'山薮藏疾，川泽纳污，瑾瑜匿恶，国君含诟。'唯陛下除诽谤以招切言，开天下之口，广箴谏之路，扫亡秦之失，尊文、武之德，省法制，宽刑罚，以废治狱，则太平之风可兴于世，永履和乐，与天亡极。天下幸甚！"

　　上善其言。

---

① 却：批驳退回。
② 锻练：比喻酷吏枉法，多方编造罪名。
③ 内：通"纳"，接纳，容纳。
④ 咎繇：人名，又作"皋陶"。相传是舜时创制法律和监狱的一位大臣。
⑤ 成练：构成各种罪名。
⑥ 亡：无。
⑦ 媮：苟且，马马虎虎。
⑧ 贼：败坏。

《见·其·译》

汉昭帝去世，昌邑王刘贺被废，汉宣帝刘询刚登上王位，路温舒便呈上了一封奏书，谈应该崇尚德治减缓刑罚。他的奏书说：

............

"我听说秦国有十条失误，其中有一条直到现在还存在，那就是用司法官吏来加强统治的做法。秦国时，以文教为耻，崇尚武力和勇猛的人，轻贱那些仁德有义的人，抬高了判案官吏的身份，正直的话被当成诽谤的语言，劝阻别人犯错的话被当作妖邪言论。所以宽衣大冠的儒者不被任用，忠良之臣情真意切的话都积压在心中不能释放，阿谀奉承的话天天充斥在君主的耳边，虚假的美名陶醉着君主的心，实在的危机却被掩盖。这才是秦国灭亡的原因。现在天下依赖陛下宽厚的恩德，没有战乱纷争的危险和挨饿受冻的祸患，家家户户齐心协力地使家庭安稳，然而太平盛世之所以不够美满，正是刑狱之灾扰乱社会的缘故。审判案件是一个国家非常重要的事情，判死刑的人不能复活，被砍断肢体的人也不再健全。《尚书》中说：'与其杀死没有罪的人，宁愿不按章法办案。'然而现在审理案件的官吏却不是这样的。上下级相互驱使，把苛刻当作严明，审判严厉的人得到公正的名声，而判案公正的人则受到责难。所以凡是审案的人都想把犯人处以死刑。这并不是因为他们憎恨这些人，只是一种保全自身的方法罢了。因而才有了被处死之人的血流淌在闹市之中，受到刑罚的人肩并肩地站着，死刑犯的数量要以万来计算的情况。这就是仁义的圣贤伤感以及太平盛世没有实现的重要原因。人之常情是安稳生活的时候就快乐，难过的时候就会寻死，用刑具狠狠地打在人的身上，又怎么会没有屈打成招的事发生呢？因此罪犯受不住这种疼痛，常常会说假话招认；审案的官吏认为这样做对自己有利，就引导囚犯承认自己的罪行；因为他们担心案件上报时因调查不准确被驳回，所以就非法地罗织罪名，套在罪犯身上，再报告给上级。大凡罪名一经立案，即使是咎繇（皋陶）在世听到这些人的罪名，也会认为他们死得理所当然。这又是为什么呢？是断案的人罗列了各种罪名，玩弄法律条文使罪名变得明显罢了。断案的官吏专门严苛地对待犯人，无度地残害罪犯，做事情马马虎虎，不顾国家是否会因此遭受灾祸，这可是世上的大祸害啊！所以俗话说：'就算是画在地上的监狱也不要进去，再麻木刻板的狱吏都不要和他讲话。'这些都是痛恨狱吏的民谣，悲切沉痛的议论啊。所以天下的灾祸，没有什么比得上判案这件事；败坏法纪，扰乱正义，离经叛道，没有人比得过审案之人。这就是我刚才说的至今还存在的秦朝十大过失之一。

"臣听说，乌鸦、老鹰的卵不被破坏，才会有凤凰飞来停留；犯了诽谤之罪不会被诛杀，人们才会敢于直言进谏。有句古话说：'山川里藏着毒物，河流湖泊会容纳污秽的东西，美玉含有瑕疵，国君能忍受辱骂。'愿陛下废除诽谤的罪名，广开言路，改正亡秦的过错，尊崇周朝文王、武王的德政，精简法律制度，放宽刑罚，废除冤狱。如此一来，太平的风气就可以在世上盛行起来，百姓永远生活在安定之中，与苍天一样无限长久，这便是天下的大福了。"

皇上认为路温舒的意见很好。

{ 疑 · 难 · 字 }

洽（qià）　棰（chuí）　繇（yáo）　媮（tōu）　薮（sǒu）

{ 特 · 殊 · 句 }

◆ 判断句

非憎人也，自安之道在人之死。

"非……也"，表示否定判断。

◆ 倒装句

莫深于狱。（状语后置）

原句语序应该是"莫于狱深"。

{ 词 · 类 · 活 · 用 }

羞文学，好武勇（羞：以……为羞耻。形容词作动词。）

◆ 成语积累

尚德缓行：推崇德政，放宽刑罚。

严刑峻法不可取！

# 后汉书

《后汉书》是一部纪传体断代史，由南朝宋史学家范晔编撰，记载了从汉光武帝建武元年（公元 25 年），至汉献帝建安二十五年（公元 220 年），东汉 196 年的历史。《后汉书》博采众书，结构严谨，是"二十四史"之一，与《史记》《汉书》《三国志》并称"前四史"。

狂放不羁，我任性!

**范晔关键词**

◆ 才华横溢。

◆ 爱好文章、通晓音律。

◆ 48 岁英年早逝。

◆ 穷当益坚，老当益壮。——《后汉书·马援传》

◆ 失之东隅，收之桑榆。——《后汉书·冯异传》

◆ 《阳春》之曲，和者必寡，盛名之下，其实难副。——《后汉书·黄琼传》

## ◆ 范晔其人 ◆

范晔（398—446），出身名门世族，父亲身居高位。据《宋书·范晔传》记载，范晔是他母亲如厕时所生，出生时前额碰在了厕砖上，于是他小字"砖"。范晔天资聪慧，尚未成年时，便博览经史、善写文章，而且才艺俱佳。

范晔年少就进入官场，而且发展顺利，不禁有些飘飘然，从而做了蠢事。彭城王刘义康母亲去世，范晔等亲信下属到府中帮忙料理后事。将要下葬的前一晚，范晔兄弟俩邀了一位朋友躲在屋里喝酒，喝到高兴处，竟然推开窗户用葬礼的哀乐助兴。刘义康知道这件事后，恼怒不已，范晔因此被贬为宣城太守。在被贬期间，范晔撰写了传世名著《后汉书》。

范晔原本计划写十纪、十志、八十列传，但是由于他参与了刘义康谋反，事败被杀，生前只完成了《后汉书》的纪、传部分。到南梁时，刘昭取晋司马彪《续汉书》的八志，加以注释，分为三十卷，附在了范晔原著的后面，成为我们如今看到的《后汉书》。

# 光武帝临淄劳耿弇

公元 29 年，东汉光武帝刘秀即位第五年。这一年，为了巩固自己的政权，他派出建威将军耿弇去讨伐割据青州的张步。耿弇有勇有谋，战无不胜，先后攻克了巨里城和临淄城。眼看胜利在望，刘秀为了鼓舞大军士气，亲自赶到临淄慰劳耿弇军。这篇文章就是他在见到将军耿弇时所说的一番话。

**头版头条 爱看不看**

## 光武帝不辞辛劳，亲临前线！

本报最新资讯，近日大将军耿弇征讨青州张步接连告捷，举国上下因此一片欢腾。而汉光武帝刘秀更是亲临战场慰问三军，他此举无疑让耿弇以及作战将士备受鼓舞。那么，士气更盛的汉军能否取得战争的最终胜利？请关注本报后续报道……

**路人甲日报**

光武帝临淄劳耿弇

后汉书

### 读者留言

汉光武帝：我给大家送温暖来了！

耿弇回复汉光武帝：伯昭谢圣上恩典。我熟读兵法，深谙各种战术，拿下区区一个张步根本不在话下。

张步：你们君臣休要猖狂！咱们战场上见分晓！

## 《品·原·文》

车驾①至临淄②，自劳军，群臣大会。帝谓弇③曰："昔韩信破历下以开基，今将军攻祝阿④以发迹，此皆齐之西界，功足相方。而韩信袭击已降，将军独拔勍敌⑤，其功乃难于信也。又田横烹郦生，及田横降，高帝诏卫尉⑥不听为仇。张步前亦杀伏隆，若步来归命，吾当诏大司徒释其怨。又事尤相类也。将军前在南阳，建此大策，常以为落落难合，有志者事竟成也！"

把耿弇与韩信作对比，用韩信衬托出耿弇的功劳之大。

> 陛下，再拐个弯就到了。

---

① 车驾：代指皇帝，这里指光武帝刘秀。
② 临淄：县名。
③ 弇（yǎn）：耿弇，字伯昭。曾随刘秀起兵，后拜建威大将军，封好畤侯。
④ 祝阿：地名。
⑤ 勍（qíng）敌：实力很强的敌人。
⑥ 卫尉：官名。这里指郦商，即郦生的弟弟。

光武帝来到临淄，亲自慰问犒劳军队，群臣也都聚集在这里。光武帝对耿弇说："从前，韩信攻破历下开创了汉朝的基业，而今天将军你攻下祝阿也一举成名。这两个地方都是齐国的西部边界，这说明你与韩信的功劳一样大。不过，韩信袭击的是已经投降的对手，而将军你却凭借着自己的实力战胜了强大的敌人，这样看来，你建立的功业可比韩信难多了。另外，当初田横以为郦生背叛了自己便将他烹食，等田横投降时，汉高祖就下诏命令郦生的弟弟卫尉郦商不能报这个仇；张步之前也杀了伏隆，如果有朝一日他也来投降，我也会告诉大司徒伏湛放下这段恩怨。这两件事也是极为相似的。以前，将军你在南阳的时候，曾提出这项重大的计策，我原本以为这事无人理解而难以实现，如今看来，真是有志者事竟成啊！"

将军劳苦功高啊！

139

## 《疑·难·字》

淄（zī） 弇（yǎn） 勍（qíng） 烹（pēng） 郦（lì）

## 《特·殊·句》

◆ **判断句**

将军独拔勍敌，其功乃难于信也。

"也"位于句末，表示判断。

◆ **省略句**

将军前在南阳，建此大策，常以为落落难合。（省略主语）

原句应该是"将军前在南阳，建此大策，（朕）常以为落落难合"。

◆ **倒装句**

其功乃难于信也。（状语后置）

原句语序应该是"其功乃于信难也"。

◆ **成语积累**

落落难合：形容事情邈远，极难实现，后也形容人孤僻不合群。

有志者事竟成：有决心有毅力的人，做事终会成功。

> 皇上，我跟定你了！

# 马援

马援（前14—49），字文渊，扶风茂陵（今陕西兴平东北）人，东汉著名的军事将领，开国功臣之一。马援早年跟随在陇右军阀隗嚣的身边，后来归顺汉光武帝刘秀，为他南征北战，立下了赫赫战功。后来，他的女儿做了汉明帝的皇后，史称"明德马皇后"。马援一身赤胆，年迈之后，依然在沙场驰骋。建武十七年任"伏波将军"，封"新息侯"。

**马援关键词**

◆ 东汉开国功臣之一。
◆ 有"马革裹尸"的壮志。
◆ "沙盘作业训练"第一人。
◆ 善辨良马。

> 我最大的愿望就是战死沙场。

马援

◆ 诗文名句 ◆

◆ 赞武溪：鸟飞不度，兽不敢临。

◆ 说志向：男儿要当死于边野，以马革裹尸还葬耳。

## 聚米成山

马援归顺汉光武帝刘秀后，一直在劝说隗嚣归复东汉，但隗嚣听信小人谗言，居然起兵造反。刘秀亲自带兵西征隗嚣时，在漆县遇到了难题。一部分人认为，应该保存实力，不能再继续战斗了，也有人认为，应该乘胜追击。刘秀一时拿不定主意，就把马援传召过来。马援连夜赶来，说出了自己的看法，现在隗嚣的将领已有分崩离析之势，应该乘机进攻，一举把他歼灭。马援让人拿来了一些米，在刘秀面前，用米堆成山谷沟壑等地形地物，详细地给刘秀讲解了应该如何行军打赢这场仗。多亏了马援这一招"聚米成山"，刘秀得以大败隗嚣。

我们就在这米山之上演习一番。

# 马援诫兄子严敦书

马援的二哥马余去世后，留下了两个儿子，一个叫马严，一个叫马敦。马援作为他们的叔叔，将两个孩子视如己出。汉朝时，政治环境复杂，人人都保持谦虚、谨慎的态度，以此保全自身和家族。马援看出马严和马敦的行为有偏差，作为长辈，决定加以提点。他在出征交趾的时候抽空给两个侄子写了一封家书，这封家书言辞和善，语言通俗易懂，有着非常深远的教育意义。

## ‹ 我家代代不平凡 ···

**马援**
> @时事评论家 1 号（马严）@时事评论家 2 号（马敦）你们两个最近有点飘呀，言行举止越发不规矩了。当心隔墙有耳，引祸上身。

**时事评论家 1 号（马严）**
> 我们就是随便说说。

**马援**
> 随便说说更可怕！

**时事评论家 2 号（马敦）**
> 叔叔莫慌，侄儿们改就是了。

**马援**
> 从明天开始，不要随便说人是非，不要什么人都结交。你们尤其要离杜季良远一点，他的游侠气更不要学！

马援诫兄子严敦书

马援

143

## 《品·原·文》

援兄子严、敦并喜讥议①，而通轻侠客。援前在交趾②，还书诫之曰：

"吾欲汝曹③闻人过失如闻父母之名，耳可得闻，口不可得言也。好议论人长短，妄是非正法，此吾所大恶也，宁死不愿闻子孙有此行也。汝曹知吾恶之甚矣，所以复言者，施衿④结缡⑤，申父母之戒，欲使汝曹不忘之耳。

"龙伯高⑥敦厚周慎，口无择言，谦约节俭，廉公有威，吾爱之重之，愿汝曹效之。杜季良豪侠好义，忧人之忧，乐人之乐，清浊无所失，父丧致客，数郡毕至。吾爱之重之，不愿汝曹效也。效伯高不得，犹为谨敕之士，所谓刻鹄⑦不成尚类鹜者也。效季良不得，陷为天下轻薄子，所谓画虎不成反类狗者也。讫今季良尚未可知，郡将下车⑧辄切齿，州郡以为言，吾常为寒心，是以不愿子孙效也。"

本文中反复出现"汝曹"二字。这是马援对侄子的爱称，目的是表达关怀的同时，拉近彼此的距离，为接下来的劝诫做铺垫。

运用比喻的修辞手法，增加了语言的力度。

---

① 讥议：讥讽、议论。
② 交趾：地名。
③ 曹：等，辈。
④ 衿：佩带。
⑤ 缡（lí）：佩巾。
⑥ 龙伯高：与下文中的杜季良均为人名。
⑦ 鹄：天鹅。
⑧ 下车：比喻官员初到任时。

马援兄长的儿子马严和马敦，都喜欢讥讽议论别人，而且爱结交轻浮的侠客。马援以前在交趾的时候，就写信告诫他们：

"我希望你们听到别人的过失，如同听见父母的名字一样，耳朵可以听，但嘴上不要议论。喜欢在背后议论别人的长处和短处，胡乱评论朝廷正常的法制，这些都是我非常痛恨的事。我宁愿死，也不希望听到自己的子孙有这种行为。你们应该知道我非常不喜欢这种行为，我之所以重新再讲一遍，就像女儿在出嫁前，父母亲手给她结上带子，系上佩巾，并且一再叮嘱她到夫家不可出差错那样，我希望你们不要忘记！

"龙伯高这个人敦厚谨慎，从来不说败坏别人的话，谦虚节俭，廉洁公平又有威严。我非常喜欢他、敬重他，也希望你们多向他学习。杜季良是个豪气仗义的侠士，把别人的忧虑当作自己的忧虑，把别人的喜乐当作自己的喜乐，人不论贵贱贤愚，他都和他们交往。他父亲去世的时候，来吊丧的客人有很多。我也喜欢他、敬重他，但我不希望你们跟他学。效仿龙伯高不成功，还能成为一个谨慎的人，就像有句话说，描画天鹅不成功尚且能画出一只野鸭。但效仿杜季良不成功，就会堕落成轻薄子弟，就像俗话说的，画虎不成功反而像狗。至今，杜季良以后究竟会怎样还不可知，如今，郡守到任时就恨他恨得咬牙切齿，州郡官员把这情况告诉我，我常常为他感到担心，所以不愿意我的子孙效仿他。"

马援诫兄子严敦书

马援

145

## 《疑·难·字》

援（yuán）　敦（dūn）　趾（zhǐ）　施（shī）　衿（jīn）

缡（lí）　　敕（chì）　　鹄（hú）　　鹜（wù）　　讫（qì）

## 《特·殊·句》

### ◆ 判断句

好议论人长短，妄是非正法，此吾所大恶也。

"也"表示判断。

### ◆ 省略句

州郡以为言，吾常为寒心。（省略介词宾语）

原句应为"州郡以为言，吾常为（之）寒心"。

### ◆ 成语积累

**画虎不成反类犬**：指向人学习不成，反而走向错误方向。比喻盲目地追求过高的目标，沦为笑柄。也形容模仿得不到家，反而弄得不伦不类。

> 再这样胡言乱语，你们的小命都要丢了，改改你们的毛病吧。

# 诸葛亮

诸葛亮（181—234），字孔明，号卧龙，琅琊阳都（今山东沂南）人，三国蜀汉政治家、军事家。东汉末年，刘备"三顾茅庐"才请得他出山，而那时他只有二十七岁。诸葛亮拥有卓越的政治和军事才能，在振兴蜀汉使之能与吴、魏抗衡的过程中，贡献了巨大的力量。此外，诸葛亮还是一位文学家。他的著作《前出师表》《后出师表》《草庐对》等都非常有名。

受了先帝的恩惠，必得以死报答。

**诸葛亮关键词**

◆ 忠武侯。

◆ 发明"孔明灯"，制造"木牛流马"。

◆ 鞠躬尽瘁，死而后已。

◆ 忠诚与智者的代表。

刘备
有了孔明，如鱼得水。

诸葛亮

## ·诗文名句·

◆ 论智谋：万事俱备，只欠东风。

◆ 谈行事：大事起于难，小事起于易。

◆ 讲为人：贵而不骄，胜而不悖，贤而能下，刚而能忍。

◆ 说学习：夫人好学，虽死若存；不学者，虽存，谓之行尸走肉耳！

## ·从农夫到丞相·

　　诸葛亮没有遇到伯乐刘备之前，只是一个在田野间耕种的普通人，虽然有一身治国之才，但没有人赏识。好在当时刘备身边有一个名为徐庶的人，他知道诸葛亮的本事，就向刘备举荐，还让刘备屈尊去请。这才有了"三顾茅庐"的佳话。

　　刘备去了隆中三次，才与诸葛亮谈上话。这一谈不要紧，谈出了一个政治奇才。虽然那时诸葛亮还只是个二十几岁的年轻小伙，但他却有着极高的政治远见。他先是给刘备分析了当时天下局势，又替刘备想好了对策，为"三足鼎立"的形成奠定了基础。对刘备而言，诸葛亮不仅是他的智囊，更是他的知音。所以他才会说："我有了诸葛孔明，就如鱼得水一样。"刘备称帝，建蜀汉时，任命诸葛亮为丞相。

先生高见！

# 出师表

公元 223 年，刘备去世。临终前，他将自己的儿子刘禅托付给诸葛亮。诸葛亮自年轻的时候起就跟着刘备打天下，所以把刘备的嘱托当成终身的使命。在辅佐刘禅的过程中，他实行了一系列政治、经济的措施。为了复兴汉室，他在 227 年决定北上去讨伐魏国。临出发前，他给刘禅写了这篇《出师表》。

### 隆中孔明（诸葛亮）

几日后，我就要北上伐魏了。但愿我此去能凯旋，复兴汉室。临走之前，我特地为陛下写下了一些肺腑之言，希望陛下明白我的一番苦心。@ 就爱吃喝玩乐的刘禅

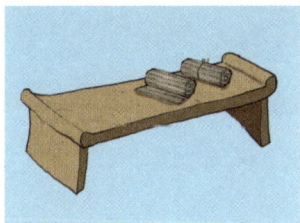

1 小时前 ··

♡ 崔州平、郭攸之、费祎、董允、向宠

✉ 徐庶：唉，我与卧龙怎么变成敌人了呢？

刘禅：丞相别担心，尽管北上伐魏去吧，我等你的好消息。这篇《出师表》我有时间再看哈。

向宠：感谢丞相抬爱，我会好好辅佐陛下的。

魏明帝曹叡：诸葛老儿，你就算再努力，也改变不了刘禅是个窝囊废的事实。我魏军上下恭候你的大驾，定让你有来无回！

诸葛亮

## 《品·原·文》

先帝①创业未半而中道崩殂，今天下三分，益州疲弊②，此诚危急存亡之秋③也。然侍卫之臣不懈于内，忠志之士忘身④于外者，盖追先帝之殊遇⑤，欲报之于陛下也。诚宜开张圣听⑥，以光先帝遗德，恢弘志士之气，不宜妄自菲薄，引喻失义，以塞忠谏之路也。

宫中府中，俱⑦为一体，陟罚臧否，不宜异同。若有作奸犯科及为忠善者，宜付有司论其刑赏，以昭陛下平明之理，不宜偏私，使内外异法也。

侍中、侍郎郭攸之、费祎、董允等，此皆良实，志虑忠纯，是以先帝简拔以遗陛下。愚以为宫中之事，事无大小，悉以咨之，然后施行，必能裨补阙⑧漏，有所广益。

将军向宠，性行淑均，晓畅⑨军事，试用⑩于昔日，先帝称之曰能，是以众议举宠为督。愚以为营中之事，悉以咨之，必能使行阵和睦，优劣得所。

开篇作者分析了当前的局势，从有利和不利两方面出发，提出了广开言路的建议。

接上文，提出了赏罚严明的建议，言辞诚恳、不激进。

---

① 先帝：指刘备。
② 疲弊：人力、物力缺乏，处境艰难。
③ 秋：时候。
④ 忘身：舍生忘死。
⑤ 殊遇：特殊的礼遇。
⑥ 开张圣听：扩大皇上听闻（的范围）。意思是要后主广泛听取意见。
⑦ 俱：通"具"，全、都。
⑧ 阙：通"缺"，缺点。
⑨ 晓畅：精通。
⑩ 试用：任用。

亲贤臣，远小人，此先汉所以兴隆也；亲小人，远贤臣，此后汉所以倾颓①也。先帝在时，每与臣论此事，未尝不叹息痛恨②于桓、灵也。侍中、尚书、长史、参军，此悉贞良死节之臣，愿陛下亲之信之，则汉室之隆，可计日而待也。

臣本布衣，躬耕于南阳，苟全性命于乱世，不求闻达于诸侯。先帝不以臣卑鄙③，猥自枉屈④，三顾臣于草庐之中，咨臣以当世之事，由是感激，遂许先帝以驱驰。后值倾覆，受任于败军之际，奉命于危难之间，尔来二十有⑤一年矣。

先帝知臣谨慎，故临崩寄臣以大事也。受命以来，夙夜⑥忧叹，恐托付不效，以伤先帝之明，故五月渡泸⑦，深入不毛。今南方已定，兵甲已足，当奖率三军，北定中原，庶竭驽钝⑧，攘除奸凶，兴复汉室，还于旧都。此臣所以报先帝而忠陛下之职分也。至于斟酌损益，进尽忠言，则攸之、祎、允之任也。

运用对偶和对比的修辞手法，突出自己的观点。

运用了借代、对偶等修辞手法。语言通俗易懂、平易近人。

① 倾颓：颠覆衰败。
② 痛恨：痛心、遗憾。
③ 卑鄙：社会地位低微，见识短浅。
④ 猥自枉屈：降低自己的身份。
⑤ 有：通"又"。
⑥ 夙夜：早晚，日日夜夜。
⑦ 泸：水名，指今雅砻江下游和金沙江汇合雅砻江以后的一段。
⑧ 庶竭驽钝：希望竭尽自己平庸的才能。

出师表

诸葛亮

愿陛下托臣以讨贼兴复之效；不效，则治臣之罪，以告先帝之灵。若无兴德之言，则责攸之、祎、允等之慢，以彰其咎。陛下亦宜自谋，以咨诹善道，察纳雅言，深追先帝遗诏。臣不胜受恩感激。今当远离，临[①]表[②]涕零，不知所言。

本段言辞诚恳，文字浅显易懂。总结全文，表达了诸葛亮的诚挚希望。

陛下若成明君，我也就死而无憾了。

① 临：面对。
② 表：古代向帝王上书言事的一种文体。

先帝一统天下的大业还没进行到一半，他就中途去世了，现在天下被魏、蜀、吴三国瓜分，我们蜀汉所在的益州人力、物力都缺乏，处境艰难，现在正是生存还是灭亡的关键时刻。在朝廷上侍奉守卫的大臣们丝毫没有松懈，忠诚有志向的将士在战场上舍生忘死，都是因为原来受到了先帝的特殊恩遇，想要报答给陛下您。我诚恳地希望您能广开言路，多听取别人的意见，从而把先帝遗留下来的美好品德发扬光大，激发士气，不要随意地看轻自己，用不恰当的话堵住了忠臣谏言的途径。

皇宫中和丞相府中，都是一个整体，褒赏惩罚都不应该有所不同。不论是做了坏事触犯法律的人，还是忠诚善良的人，都应该交给主管官吏评定对他们的奖惩，以显示陛下处理国事的公正严明。不应该有所偏爱，使宫内外法令不同。

侍中、侍郎郭攸之、费祎、董允等人，都是善良忠诚、志向思想纯洁的人，因此先帝选拔他们留给陛下。我认为宫中之事，无论大小，都可以去问问他们，然后再施行，一定可以弥补缺失和遗漏的地方，增益实效。

将军向宠性情品德善良公平，又通晓军事。过去任用他时，先帝称赞他很有才能，因此经过众人商议推举他做了中部督。我认为军营中的事都去问他，必能使军队和睦，不同才能的人都会有适合的工作。

亲近贤良的忠臣，远离奸佞的小人，这是汉朝前期兴盛的原因；亲近小人，远离贤臣，这是汉朝后期倾覆衰败的原因。先帝在世的时候，每次跟我谈论起这些事，对于桓帝、灵帝的做法，常常感到十分痛惜。侍中郭攸之和费祎、尚书陈震、长

出师表

诸葛亮

史张裔、参军蒋琬，这些都是坚贞可靠、能够以死报国的忠臣，希望陛下亲近他们，信任他们，这样离汉王室的兴盛，就时间不远了。

我原本只是一个平民，在南阳自己耕田，只想在乱世里保全性命，不求在诸侯间扬名显身。先帝不认为我地位、身份低微，而委屈自己，三次到草庐中来拜访我，向我询问天下大事。我因此感动奋发，就答应先帝为他奔走效力。后来遭遇失败，我在军事失利的时候接受任命，在形势危急的时候奉命出使吴国，从那时起到现在已经有二十一年了。

先帝知道我做事谨慎，所以在临终时把国家大事托付给我。接受遗命以来，我日夜忧虑叹息，唯恐托付的事不能完成，有损于先帝的英明。因此五月渡泸，去到人烟稀少的地方。现在南方已经平定，军队和武器都十分充足，我们应当勉励统率三军，向北平定中原，希望竭尽我平庸的才能，扫除奸邪、兴复汉室、返回旧都。这是我用来报答先帝并向陛下尽忠的职责。至于处置日常之事，决定取舍损益，毫无保留地贡献忠言，那是郭攸之、费祎、董允的责任。

希望陛下把讨伐敌人、兴复汉室的任务交给我，如果我不能完成，就治我的罪，用来告慰先帝的英灵。如果没有人进献振兴德行的忠言，那就责备郭攸之、费祎、董允的怠慢，以表明他们的过失。陛下也应当自己思虑谋划，征询治理国家的好办法，识别并采纳正确的言论，深思先帝的遗诏。臣蒙受大恩，不胜感激。现在即将离朝远征，流着泪写下这篇表文，激动得不知说了些什么话。

殂（cú）　菲（fěi）　陟（zhì）　臧（zāng）　攸（yōu）
祎（yī）　禆（bì）　猥（wěi）　夙（sù）　　斟（zhēn）

## 〖 特·殊·句 〗

◆ **判断句**

亲贤臣，远小人，此先汉所以兴隆也。

"也"表示判断。

◆ **倒装句**

苟全性命于乱世。（状语后置）

原句语序应为"于乱世苟全性命"。

故临崩寄臣以大事。（状语后置）

原句语序应为"故临崩以大事寄臣"。

◆ **省略句**

诚宜开张圣听，以光先帝遗德。（省略主语）

原句应为"（陛下）诚宜开张圣听，以光先帝遗德"。

后值倾覆，受任于败军之际，奉命于危难之间。（省略主语）

原句应为"后值倾覆，（臣）受任于败军之际，奉命于危难之间"。

## 〖 词·类·活·用 〗

亲贤臣，远小人（亲：亲近；远：疏远。形容词作动词。）

苟全性命于乱世（全：保全。形容词作动词。）

攘除奸凶（奸凶：奸邪凶恶的人。形容词作名词。）

以光先帝遗德（光：发扬光大。名词作动词。）

北定中原（北：北上。方位名词作状语。）

出师表

诸葛亮

**155**

◆ **成语积累**

妄自菲薄：过分地看轻自己，过于小看自己。

引喻失义：言谈失之大义。

作奸犯科：为非作歹，触犯法令。

裨（bì）补阙（quē）漏：弥补缺漏、不足之处。

计日而待：数着日子等待，形容为时不远。

三顾茅庐：刘备为请诸葛亮出山，三次到草庐中拜访他。后用来指真心诚意一再邀请。

危急存亡：情势急迫，关系到生存灭亡的紧要关头。

不知所言：不知道说的什么。自谦之词，也指思想混乱，语无伦次。


◆ **好句积累**

亲贤臣，远小人，此先汉所以兴隆也；亲小人，远贤臣，此后汉所以倾颓也：亲近贤臣，疏远小人，这是前汉兴隆昌盛的原因；亲近小人，疏远贤臣，这是后汉倾覆衰败的原因。

受任于败军之际，奉命于危难之间：我在战事失败的时候接受了任命，在危机患难期间受到委任。


◆ **知识点**

　　《出师表》有前、后两篇，本文为《前出师表》，是诸葛亮北上伐魏临行前，写给后主刘禅的上书表文。《后出师表》收录在三国时期张俨的文集《默记》之中，被认为是《前出师表》的姊妹篇，一般认为作者也是诸葛亮。